Ingrandim

Antonello Dose

LA RIVOLUZIONE DEL CONIGLIO

Come il buddismo mi ha cambiato la vita

MONDADORI

librimondadori.it
anobii.com

La rivoluzione del coniglio
di Antonello Dose
Collezione Ingrandimenti

ISBN 978-88-04-66011-8

I edizione febbraio 2017

Anno 2017 - Ristampa . 4 5 6 7

Prefazione

«Sto scrivendo un libro» mi fa il Dose.

«Un altro?» dico io.

«Ma se è il primo che scrivo!»

«Volevo dire: un altro che scrive libri, non ce ne sono già troppi?»

Eppure un libro di Antonello Dose ci voleva proprio. Antonello è una voce che da oltre vent'anni parla agli ascoltatori della radio. È una voce divertente, umoristica, satirica, ma è anche capace di riflessioni profonde, fulminanti, sulla vita e la morte, sull'amore e la sessualità, sulle religioni. Insomma, dimostra che dietro una voce intelligente c'è un'intelligenza attiva. E dietro intelligenza e voce c'è una vita che vale la pena conoscere. E poi c'è l'esperienza buddista che può illuminare chiunque legga queste pagine, qualunque fede frequenti, anche nessuna.

«E di che parla?»

«Di me.»

«Ma chi te lo fa fare?»

Già. Chi glielo ha fatto fare? Scrivere di se stessi non è uno scherzo. Quando si racconta la propria vita non si può essere ipocriti, si devono narrare i fatti come sono stati vissuti. Si scoprono gli altarini. Ma è proprio la sincerità che rende potente il racconto di Dose, che stavolta fa ridere sì, ma anche emozionare. Dai primi passi nel teatro povero d'avanguardia ai viaggi americani da uomo di spettacolo baciato dal successo, il suo sguardo non cambia, resta autentico. E sembra risuonare in queste pagine la sua risata contagiosa che gli ascoltatori conoscono bene. In fondo il Budda è un uomo che sorride.

«E scrivilo 'sto libro, Antonello, vedrai che ci piacerà!»

Paolo Restuccia, regista del "Ruggito del Coniglio"

La rivoluzione del coniglio

A Daisaku Ikeda

Prologo

Nel secolo scorso non esistevano i talent televisivi e se volevi cimentarti con qualche forma d'arte dovevi andarteli a cercare da solo, gli insegnanti bravi. I maestri. Quel pomeriggio, il 4 ottobre del 1986, il grande saggio della ricerca teatrale Jerzy Grotowski avrebbe ricevuto la cittadinanza onoraria del Comune di Pontedera. Se il mio maestro di teatro Eugenio Barba era in qualche modo per tutti noi un "papà artistico", "Grot" – così lo chiamavamo nell'ambiente del teatro di gruppo – era senz'altro il "nonno".

Vivevo e lavoravo lì a Pontedera come attore già da sei anni e per niente al mondo mi sarei perso un discorso del nostro magnifico, geniale, rivoluzionario "Grot". La sala era stracolma di attori, giornalisti, studiosi, autorità: il pubblico delle grandi occasioni. Grotowski indossava, in ogni stagione, una specie di poncho di lana che, insieme agli occhiali spessi e alla barba incolta, bene si addiceva alla sua fama di guru del teatro di ricerca internazionale. Eravamo tanti, giovani e pieni di ideali. Forse puzzavamo di sudore, ma eravamo sinceri. A Pontedera era sorto un grande centro per la sperimentazione e la ricerca teatrale e, oltre a Grotowski e Barba, ci erano passati Julian Beck e Judith Malina del Living Theatre, Dario Fo, Anatolij Vasil'ev, insomma il gotha del teatro mondiale di ricerca, il Terzo Teatro.

I nostri genitori cresciuti negli anni di una guerra mondiale avevano ricostruito il Paese e volevano cambiare il mondo con il lavoro. Noi sentivamo nostra la grande missione di cambiarlo con l'arte del teatro. Era per questo che, appena finita la maturità, avevo abbandonato Roma, famiglia e amici e mi ero messo a viaggiare per l'Europa insieme al Piccolo Teatro di Pontedera.

Grotowski iniziò il discorso di ringraziamento in francese, affermando che esistono due tipi di cultura: una fatta di libri, università, pinacoteche e musei, opere che si vendono e si comprano; l'altra è la vita stessa.

Negli anni Ottanta si dibatteva molto sulla funzione sociale dell'artista. Nelle discussioni con Silvia e Luisa, due splendide creature omozigote, nella nostra casa in affitto nel bosco di Treggiaia, tante volte avevamo disquisito sul senso del lavoro dell'attore. Se lo fai come mestiere devi essere disposto a scendere a compromessi. Se lo fai perché non ne puoi fare a meno allora è la tua vita che deve diventare un'opera d'arte. Dopo alcuni mesi scoprimmo che avevamo dei parenti in comune. Ci sono relazioni umane che, per la profondità che manifestano, vanno al di là della ragione.

Grotowski continuò dicendo che ognuno ha il teatro che si merita; c'è chi riconosce se stesso nelle stagioni dei teatri stabili, chi ama le operette, le commedie musicali, il circo o lo spettacolo del calcio. Lui per tutta la vita aveva cercato altro, arrivando a rivoluzionare il mestiere dell'attore e la sua funzione antropologica. Rispondendo alla domanda su chi considerasse suoi "discepoli" tra i gruppi del Terzo Teatro, Grotowski si espresse più o meno così:

«Io non riconosco discepoli, riconosco solo compagni d'arme, cioè coloro che combattono insieme a me per un mondo migliore.»

Nonno Grot per gran parte della sua vita aveva dovuto lottare contro le limitazioni e la censura del regime polacco. In anni di Guerra Fredda, questo significava attese eterne per ottenere i visti per lui e tutti gli attori del suo Teatr Laboratorium, pagando da intellettuale libero il rifiuto di aderire al totalitarismo culturale sovietico.

Grot iniziò poi a parlare dell'essenza della vita e del teatro. E fece un esempio:

«A scuola c'è una classe di bambini che sta svolgendo il compito di matematica. È una giornata di sole e il maestro, annoiato, passa il tempo seduto alla cattedra. Le tapparelle sono abbassate, raggi di luce attraversano l'aula. A un certo punto si stacca dal soffitto un piccolo frammento di intonaco, e cade lentamente verso terra. Se ne accorge un solo studente, un attimo prima assorto nei suoi conti, e nota che la scaglia lattescente, attraversando lo spazio, ondeggia e sposta con leggerezza il pulviscolo atmosferico. Passano molti anni e lo stesso studente, ormai diventato un uomo, si trova nel suo ufficio, alle prese con le scartoffie ministeriali. Forse ha da poco ricevuto conferma del suo piano ferie, quando improvvisamente si blocca con lo sguardo perso nel vuoto. Senza pensieri, la sua attenzione si fissa sui raggi di sole che trapassano la tapparella socchiusa della finestra. Ricorda nei minimi dettagli quel giorno di tanti anni prima, quando a scuola, durante un compito di matematica, per un istante, si era distratto dalle operazioni. Nella sua memoria riaffiora il rumore delle penne sui fogli, l'atmosfera ovattata e sospesa di quel momento. Dove saranno adesso i miei compagni? Ricorda quello che è successo in tutti gli anni trascorsi e comprende in un istante chi è e come è arrivato a quel punto della sua vita. Per lui, quel singolo attimo verrà percepito e ricordato come l'essenza della vita.»

Dunque, secondo Grotowski, l'essenza della vita, per un attore in scena, è la gestione emotiva dell'attimo presente, quel "qui e ora" tanto caro agli antichi come *hic et nunc*.

Tornai a casa con la macchina di Silvia, una Dyane color fango secco con la leva del cambio sulla plancia; guardavo gli ulivi e avevo la testa piena di teorie teatrali da mettere in pratica. Facile a dirsi, meno facile a farsi. Io, di natura, sono un "diversamente emotivo" e soffro di non pochi imbarazzi nell'esibirmi in pubblico. Solo con un allenamento fisico quotidiano e mesi di prove ero riuscito a sentirmi almeno un po' a mio agio sulla scena.

Seguendo l'indicazione del mio regista Roberto Bacci, avevo cominciato a lavorare sul personaggio di Alëša Karamazov e mi ero cucito un saio con la tela di un sacco. Mi ero documentato sulle abitudini quotidiane dei giovani monaci ortodossi. Studiavo molto e dormivo poco per trovare materiali, e provavo i gesti con i quali costruire il personaggio. Ricordo ancora la faccia basita di tre taglialegna che una mattina mi avevano visto attraversare il bosco recitando giaculatorie in simil-russo. Spensero le motoseghe e rimasero in silenzio, mentre io, alzata la tonaca, mi davo alla fuga correndo lungo il sentiero sterrato con i sandali e il cuore in gola. Per lo meno un risultato artistico lo avevo ottenuto: mi ero graffiato piedi e gambe. I graffi erano *veri*.

Leggendo e documentandomi, avevo scoperto che intorno al XIII secolo era in auge presso i cristiani d'Oriente una preghiera ripetuta chiamata esicasmo, una pratica ascetica nata in realtà nel IV secolo d.C. che serviva a trovare la pace interiore, l'unione con Dio e l'armonia col Creato. Una pratica simile esisteva anche nel mondo musulmano, e non solo. Strano che nello stesso periodo esistesse una forma di meditazione analoga, pur con parole diverse, in culture religiose differenti. L'unica esperienza che avevo in tal senso era la preghiera del rosario che nel mese di maggio i miei genitori pretendevano di recitare, con tanto di litanie lauretane in latino, tutti i giorni dopo cena davanti a una statua della Madonna che la parrocchia di San Felice da Cantalice a Centocelle faceva girare di casa in casa dentro un austero e liso cofanetto ricoperto di velluto scuro.

Dal punto vista antropologico era interessante scoprire come religioni che si erano fatte la guerra a lungo, in un determinato momento storico pregassero sostanzialmente nello stesso modo. Tra l'altro, avevo letto che un paio di secoli più tardi, pregando così, alcuni monaci come Andrej Rublëv, il grande pittore di icone, avevano tratto ispirazione per le loro immagini, diventate esempio di perfezione. Pregando, avevano delle visioni, che poi cercavano di riprodurre dipingendole sulla tavola di legno.

Nella ricerca della verità dell'attore in scena, mi ero nutrito per anni delle teorie di Grotowski che contrapponevano l'"attore-cortigiana", che recita per avere approvazione, soldi e successo, all'"attore-santo", che dona se stesso. Avevo anche provato a superare certi blocchi e una naturale timidezza che talvolta mi rendeva ridicolo, lavorando sui principi della trance, studiando il teatro balinese e i tamburi del tarantismo. In quegli anni, dedicati alla sperimentazione teatrale, andava molto di moda riscoprire le radici delle culture.

Ero alla continua ricerca di un equilibrio che non avevo: mi sentivo sempre inadeguato. Mi portavo dietro una leggera tristezza, la piccola punta di malinconia che caratterizza quel periodo di merda che viene chiamato adolescenza. Uno dei motivi era l'avere realizzato di essere gay. Venendo da una famiglia di tradizione cattolica, ero pieno di sensi di colpa. In quegli anni la tendenza era quella di reprimersi e nascondersi seguendo il pensiero ipocritamente diffuso del "se lo dico, magari, non mi vogliono più bene".

Non c'era niente, non c'era un clima, non c'erano locali, non c'erano gay street, non c'era nella società italiana nulla di rassicurante che potesse aiutare un giovane insicuro come me in cerca della sua identità.

Ricordo di quel periodo la grande fatica nel gestire il mio personaggio in relazione all'ambiente sociale. La mia identità ne risultava frantumata. C'era un Antonello figlio, un Antonello con gli amici, uno di circostanza, uno per il sesso. Era così tanto il bisogno di ricevere approvazione che per anni ho cercato di diventare quello che il mio interlocutore desiderava. Il lavoro dell'attore rappresentava, a quel punto, una specie di zona franca, una palestra per conoscere me stesso, una sorta di terapia e un laboratorio di riappropriazione.

La religione era diventata, invece, qualcosa che apparteneva ormai alla cultura degli antenati, un insieme di forme ripetute che non portano nessun effetto concreto alla vita di tutti i giorni. Se porgi l'altra guancia, sembri un debole, un po' un frescone, uno che non ha le palle per reagire. In questo contesto avevo accumulato frustrazioni, nevrosi e malesseri, e il fatto di lavorarci sopra con il teatro mi consentiva quantomeno di sottopormi a una specie di utilissima autoanalisi. Osservavo continuamente la mia mente, al limite dell'esaurimento, per superare blocchi, paure e complessi. Se sei un giovane in cerca di approvazione non è semplice adocchiare e prendere al volo le occasioni della vita. Per conquistare uno spazio, se non hai santi in Paradiso, tocca sgomitare come al tavolo del buffet di un self service "All you can eat", dove, come è noto a tutti, non esiste, e forse non è neanche possibile, nessuna forma di civiltà.

Con la testa così piena di sogni, ingenue aspettative e speranze, tornai nella capitale e per tre lunghi anni cercai di sbarcare il lunario facendo improbabili quanto inutili provini di teatro, cinema e pubblicità.

Stavo cercando di capire chi ero e che posto avevo nel mondo.

1

Era un po' di tempo che Betta ci parlava di buddismo. A proporle di praticarlo era stato un amico di scorribande di suo cugino che fin da giovane aveva avuto problemi di dipendenza. Lo aveva incontrato per caso dopo diversi anni ed era rimasta colpita dal suo cambiamento: non si faceva più, era luminoso, allegro.

A dire il vero, già qualche mese prima, Agnese, la socia di Piero, mentre era in ospedale per fare dei controlli, aveva conosciuto in sala d'aspetto una ragazza minuta che le aveva scritto su un brandello di carta a quadretti "Nam-Myoho-Renge-Kyo", dicendole: «Vedi? Io recito la Legge dell'Universo, la Legge Mistica, è per questo che sono ancora viva. Prova anche tu il buddismo. Guarda, guarda come sto. Segnati il mio telefono. Mi chiamo Isa».

«Questa secondo me stava fuori come un balcone» raccontava divertita Agnese, ma da tempo conservava questa frase benaugurante ripiegata con cura reverenziale nel proprio portafogli.

Agnese e Piero si erano conosciuti a Parigi dove, già a diciannove anni, lui dirigeva un negozio di Fiorucci. Aveva lasciato la provincia di Taranto per disperazione. Per gioco un sabato sera si era travestito e lo avevano preso a sassate per strada. Da qualche settimana aveva messo su un piccolo atelier artigianale in via Crispi, nel centro di Roma, dove lavorava pellami. Lì si cucivano borse, bustini, cinture, gonne e giubbotti su misura.

La casa di Piero era un porto di mare al quale attraccavo tutti i giorni. Era stata la mia amica Paola a farmelo conoscere qualche mese prima durante una festa con musica sparata ad alto volume.

Ci eravamo innamorati subito. Lui parlava, parlava, conosceva tutti, scherzava e brindava. Pensai bene di portargli in laboratorio una pezza di nappa nera, che mia madre aveva ricevuto in regalo, affinché me la cucisse addosso in forma di giubbotto.

Fu così che, prendendomi le misure anche dove non serviva, le nostre anime presero le misure e si incontrarono.

Piero è stato il mio primo amore.

Già il secondo giorno che ci conoscevamo mi portò a casa di Betta, la quale si presentò leggendomi la mano nel salotto della sua biblioteca personale. Non leggeva le righe della pelle ma ascoltava le pulsazioni del sangue dal palmo inumidito dall'acqua. Disse cose di me che solo io potevo conoscere, conquistandomi per sempre.

Betta, avvocato, figlia di avvocato, sorella di avvocato, era una poetessa. Possedeva quel dono naturale di guardarti dentro. Il suo viso aveva la pelle chiara e perfetta, ed era capace di mutare in maniera così repentina da farti venire il dubbio su chi fosse, prevalentemente, la sua proprietaria. A volte Betta assumeva tratti orientali, a volte la scoprivi comica, altre volte androgina. Era una maestra di accoglienza, puntualmente quando la incontravi aveva un regalo per te, un oggetto comprato su una bancarella, un libro che le era piaciuto, una scatola portapillole della collezione del nonno, una poesia scritta a mano su un cartoccio per il pane. Ero stato abituato dalla mia famiglia a una sobrietà contadina quasi calvinista e la cosa mi imbarazzava un po' perché mi faceva sentire sempre in debito.

Allenata dal padre all'esercizio forense del contraddittorio, accettava e lanciava ogni tipo di sfida a fioretto in punta di lingua e di penna. Era inevitabile litigarci per dimenticare subito dopo il motivo per cui lo si stava facendo. Betta, figlia dello stimatissimo avvocato Leone, non poteva che essere a sua volta una leonessa nelle relazioni umane. In breve tempo era diventata la nostra complice, amica dall'infinito passato, avvocato e amante platonica.

Piero era un artista, creava oggetti dal nulla, ma soprattutto era un maestro nelle relazioni umane. Ogni sera a casa sua, due minuscole stanze in un ex casino dei primi del Novecento, si fermava a cena ogni genere di umanità. Lui e Agnese facevano i salti mortali per pagare affitto e bollette. Io, lasciato il Piccolo Teatro di Pontedera, mi ostinavo a fare provini per parti secondarie, mormorii nei doppiaggi e traslochi nella ditta del padre di Massimo, il mio compare di liceo, che tutti chiamano ancora "er Secchio", perché, come narra la leggenda, durante gli attacchinaggi della politica era sempre lui a trasportare generosamente il secchio della colla.

Eravamo senza un soldo ma immensamente felici.

Piero era il mio mentore negli ambienti gay, era andato via di casa a diciassette anni e si era inventato diversi mestieri. Allestiva vetrine, scenografie e costumi teatrali, faceva cinture, creava accessori, cuciva pochette con materiali riciclati che metteva in conto vendita nelle boutique del centro. Ogni giorno non vedevo l'ora di scoprire la sua ultima trovata. In quella casa, epicentro di freschezza e libertà di essere, si respirava un clima sempre stimolante. Ci nutrivamo di discoteche, spettacoli teatrali, cinema e mostre d'arte. Mai Roma mi è sembrata così internazionale, santa, eterna. Eravamo giovani e innamorati, e la musica degli anni Ottanta ci faceva sballare anche senza droghe. Ci sembrava di stare dentro una commedia dove tutti eravamo star internazionali. Non avevamo niente ma vivevamo con la leggerezza dei protagonisti dei telefilm americani e l'illusione dell'eterna giovinezza.

Finalmente trovai un lavoretto come attore, una sostituzione. Dovevo, nel giro di una settimana, interpretare l'Uomo di Latta nel *Mago di Oz* con la compagnia di teatro per ragazzi Ruotalibera, sotto la regia di Marco Baliani. Una piccola tournée di qualche settimana in giro per l'Italia. Avevo appena cenato in una pessima trattoria di provincia quando chiamai Piero con un telefono a gettoni per raccontargli la giornata. Me lo disse così, al telefono, apparentemente senza emozione:

«Sono sieropositivo, tu no.»

Avevo già dimenticato che un paio di settimane prima eravamo andati insieme, per la prima volta, a farci il test per l'HIV presso il Laboratorio Centrale della Croce Rossa nel quartiere Portuense.

«Ma come, sei sicuro, hai capito bene?» lo incalzai stupito.

«Oggi mi hanno ripetuto il test, tra una settimana devo richiamare. Stai tranquillo, sto bene.»

Quando arrivano notizie di questo genere la mente non pensa ad altro. Di giorno e di notte, sempre. Cominciai a bere per provare a diminuire il dolore e terminare la tournée. Andò così per un paio di settimane fino a che una piccola fitta al fegato mi fece notare che quello non era l'atteggiamento migliore. Al tempo se parlavi di queste cose ti si creava il vuoto intorno. Pur non essendolo, mi comportavo come un sieropositivo, esagerando nelle precauzioni verso gli altri. Per dirne una, quando erano piccoli, non ho mai preso in braccio i figli di mio fratello o quelli dei miei amici per paura di avere nel frattempo contratto il virus ed essere magari diventato contagioso.

Non è stato facile ricostruire giornate tranquille e spensierate. La consapevolezza che non esistesse una cura, una speranza reale, e che fosse solo questione di tempo non mi lasciava mai. Fu proprio in quel periodo che Betta propose a me, Piero e Paola di partecipare a una riunione buddista.

«Mettetevi dei calzini puliti, possibilmente senza buchi» puntualizzò guardandomi fisso negli occhi, «vi chiederanno di togliervi le scarpe.»

La riunione era a casa di Mario B. in un appartamento vicino a casa di Betta, zona viale Regina Margherita. Lungo il corridoio c'era l'annunciata fila di scarpe. Nella stanza eravamo attesi da una ventina di persone di ogni età, un paio di loro erano vestiti di bianco e si occupavano di accogliere gli ospiti. Ci sedemmo su un tappeto. Faceva caldo. C'era profumo di incenso. Tutti erano inginocchiati a mani giunte verso un altarino illuminato che conteneva un disegno con ideogrammi orientali e recitavano una nenia ritmata. Chi guidava la cerimonia accese una candela e suonò la campana. Qualcuno vicino a me mi invitò a leggere da un libriccino con parole incomprensibili che teneva in mano:

«Adesso facciamo Gongyo, leggiamo due capitoli del Sutra del Loto.»

«Lo aiuto io a seguire» si offrì un ragazzo cicciotto inginocchiato vicino a me. Provai ad accontentarlo sillabando con un filo di voce e seguendo il suo dito sul libretto. La cosa durò un quarto d'ora. Poi mi offrirono un bicchiere di tè freddo da una brocca, ci sedemmo in cerchio e qualcuno spiegò delle cose. A turno, furono raccontate delle esperienze. Si respirava un'atmosfera allegra e amichevole. Avevamo partecipato alla nostra prima riunione buddista.

Nei miei percorsi teatrali ne avevo viste di tutti i colori, ma mi colpì il fatto che sembrassero convinti che recitare quella cosa avesse fatto bene alle loro vite. Chi aveva ritrovato il sonno, chi era riuscito a vendere un quadro che aveva dipinto, chi aveva fatto pace con il partner, chi aveva trovato lavoro. Io ero troppo pieno delle mie teorie teatrali e troppo arrogante per pensare di potere ancora imparare qualcosa. Succede spesso quando si è giovani.

Tornando a casa di Piero pensai: "Sono carucci, ma io non ho bisogno di niente". Avevo già le mie metodologie per concentrarmi e le tecniche per rilassarmi. In quel periodo vedevo con un po' di diffidenza tutto quello che veniva proposto a Piero per aiutarlo a stare meglio. Era un continuo di amici che proponevano pratiche New Age per propiziare la salute. C'era chi si offriva di guarirlo a distanza con il reiki, chi diceva: "Se segui una dieta vegana, eliminerai le tossine animali e tutte le ghiandole del corpo torneranno a funzionare meglio", oppure: "Se fai meditazione trascendentale ti passerà l'ansia". Mi sembrava un insulto alla ragione confidare in questi rimedi astrusi. Recitare una "formula magica" che avrebbe risolto ogni cosa rappresentava un tradimento della logica, un capitolare della ragione a favore di un esoterismo tutto da dimostrare. Tanto valeva ripetere il "bibbidi-bobbidi-bu" della fata Smemorina di Cenerentola. La proposta mi ispirava la stessa fiducia che in genere suscitano gli assicuratori, gli agenti immobiliari e i promotori finanziari.

Mi aveva colpito però quella che allora considerai una curiosa coincidenza: ero venuto a scoprire che anche nel Giappone del XIII secolo si pregava ripetendo ad alta voce strutture ritmiche in cinque o sei battute. Somigliava troppo alla pratica dello yoga cristiano dei Padri del deserto e ai rituali dei monaci ortodossi che mi era capitato di incontrare negli anni precedenti studiando il personaggio di Alëša Karamazov. Questo doveva avere una ragione. Se culture che non comunicano fra loro usano le stesse forme, ci deve essere un motivo. Queste somiglianze numeriche e ritmiche mi ricordavano tanto i "princìpi che ritornano" di cui parlava Eugenio Barba spiegando l'antropologia teatrale. È interessante quando culture diverse si evolvono nello stesso modo. Alla scuola cui avevo partecipato da ragazzo, Barba aveva messo a confronto danzatori del teatro giapponese kabuki, balinesi, indiani dell'Orissa e mimi occidentali della scuola di Étienne Decroux. Aveva individuato, spogliandole dell'estetica locale, quali tratti avessero in comune tutte queste danze tradizionali. Aveva scoperto il segreto che rende vero, *biologico*, vivo, o almeno credibile, un attore sul palcoscenico. Non è un caso che nella storia dell'Umanità si tramandino alcune cose e altre no. Darwin ci ha insegnato che nell'evoluzione genetica viene trasmesso alle generazioni future solo quello che è utile. Ciò che non serve si perde e viene dimenticato. Lo stesso succede con le culture.

Piero, nel frattempo, aveva preso le distanze da me e

aveva un altro giovanissimo compagno. Ero convinto che mi avesse allontanato perché pensava che non fossi in grado di reggere emotivamente il futuro inquietante che gli si prospettava, o forse era semplicemente finita e io cercavo di darmi una ragione perché non riuscivo ad accettarlo.

Avevo comunque deciso di sostenerlo nel caso ne avesse avuto bisogno, e lo avevo messo in contatto col mio medico di famiglia per le ricette e i medicinali che non erano di competenza dell'ospedale.

Da qualche tempo gli davano un nuovo farmaco chiamato AZT, che avrebbe dovuto rallentare l'infezione, ma quello che vedevamo era nervosismo, nausea, astenia e in più dopo qualche mese una seria anemia che gli causava la tachicardia anche dopo appena una rampa di scale.

Provavo a fingere che la faccenda non mi riguardasse più. Avevo ricominciato a uscire da solo la notte per conoscere persone nuove. In una delle mie battute di caccia avevo incontrato Pepito, un siciliano impegnato in missioni umanitarie nel Terzo e Quarto mondo per conto delle Nazioni Unite. Purtroppo la settimana successiva al nostro incontro sarebbe dovuto partire verso Haiti per l'Unicef, e la cosa si trasformò in una bella amicizia epistolare intercontinentale. Tra gli amici di Pepito c'era Francesca, un'arabista di buona famiglia. Anche lei mi propose di provare la pratica buddista, recitando il Nam-Myoho-Renge-Kyo. Non le diedi retta, ma mi colpì il fatto che, in un tempo così breve, ancora una volta mi capitava di incontrare questa preghiera portafortuna.

2

Vista la difficoltà a mantenerci col lavoro di attore, era almeno un anno che io e Marco Presta c'eravamo messi in testa di inventare programmi televisivi e provare a proporli in giro. Avevamo iniziato a frequentarci da adolescenti nella parrocchia dove erano state catechiste le nostre sorelle maggiori. Mai avremmo potuto immaginare di fare dell'adolescenza stessa un mestiere per gli anni a venire.

Quando ci siamo conosciuti, Marco aveva un taglio di capelli alla Beatles che si ravviava continuamente, vestiva sempre una t-shirt bianca, attillata, che indossava con la fisicità di un calciatore, e portava con sé, a mo' di gagliardetto, una copia arrotolata de "l'Unità" che gli spuntava dalla tasca posteriore dei jeans. Aveva, inoltre, un repertorio infinito di barzellette che snocciolava generosamente, su richiesta, come facevano i juke-box con le canzoni.

Ci incontravamo quasi tutti i giorni a casa dei miei e ci sottoponevamo a noiosissime full immersion autoriali. Il risultato era la stesura in bella copia di "progettini" che sulla carta piacevano tanto ma che nessuno avrebbe mai messo in produzione. Naturalmente tutto gratis.

In Rai, in quegli anni, se non eri raccomandato, se non avevi un referente politico o almeno una tessera di partito, non potevi sperare di fare neanche la claque.

Ci è capitato, nei mesi successivi, di vedere in televisione trasmissioni, anche di successo, progettate da noi ma realizzate da altri. La cosa era frustrante, ma allo stesso tempo incoraggiante, perché dimostrava che le nostre idee, se venivano copiate, forse valevano qualcosa. Ma ci aveva anche insegnato che "se tu volere progettino, o mi fai contrattino e mi dai qualche soldino, o te la prendi nel culino".

Non avevamo quasi nessuna esperienza propriamente professionale in quel settore. Avevamo solo realizzato, un paio d'anni prima per l'emittente privata Retemia, un varietà, risultato profetico, sulla battaglia degli ascolti tra Rai e Fininvest e che avevamo titolato "Colpi di pollice".

Devo avere una vocazione per gli spettacoli poveri, dal "teatro povero" di Grotowski ero passato alla televisione povera. Fui saldato, infatti, con un assegno scoperto.

E fu proprio nel corso di sgangheratissimi provini per reclutare attori, dopo aver preso in consegna le foto in topless di un'aspirante soubrette, che il caso o il destino ci fece conoscere Giancarlo Ratti. Durante l'audizione si era steso per terra davanti a noi, si era aggrappato ai nostri pantaloni mettendosi a recitare l'*Amleto* e implorandoci di prenderlo perché aveva urgenza di lavorare. Non riuscivamo a smettere di ridere. Era assolutamente folle, e chiaramente lo prendemmo.

La vita è fatta di occasioni, di treni in corsa, e hai due possibilità: saltarci sopra o finirci sotto. Fu proprio Giancarlo a presentarci ad Alessio Gorla, un produttore esecutivo in Fininvest, e questi ci segnalò a Vaime. Enrico, a sua volta, ci prese in simpatia e dopo un'estate di riunioni divertentissime, ma del tutto inconcludenti, ci tirò dietro come suoi assistenti per un nuovo varietà televisivo a Milano.

Osservare la velocità con la quale Enrico passava dalla lettura dei quotidiani alla costruzione di battute fulminanti è stato un grande privilegio e una scuola meravigliosa. Io e Marco a quei tempi, per scrivere uno sketch, potevamo metterci ore. Si proseguiva a oltranza finché non eravamo soddisfatti.

Milano risultò faticosa, ci fece sentire in una sorta di fortino "dei romani" insieme a Paola Pascolini, Massimo Russo e Rosanna Ruffini che, seppur nata a Milano, vivendo a Vetralla si era romanizzata.

Ci sentivamo assediati dal clan dei "milanesi" che evidentemente ci vivevano come una minaccia professionale e non facevano niente per nasconderlo.

Avevamo preso in affitto da un'attrice amica di Marco, una topaia mansardata con la moquette "beigiolina" polverosa e macchiata Dio solo sa di cosa – tanto da somigliare a una carta geografica – in zona Fiera, e raggiungevamo ogni mattina la fermata della metro Cascina Gobba per poi guadagnare con una triste navetta aziendale la redazione negli studi del centro di produzione di Cologno Monzese.

Era un'epoca in cui Berlusconi si occupava ancora solo di televisione, imprese e belle donne. Anche nel nostro cast c'era una procace ragazzotta che bisognava "valorizzare" in trasmissione. Aveva delle grosse tette che ben motivavano l'orologio di Cartier che mostrava compiaciuta al polso. Non era per niente contenta del ruolo di lanciatrice della pubblicità che le avevamo ritagliato e infatti, anni dopo, ottenne molto di più.

Ricordo che, dopo la realizzazione del numero zero, Gorla ci convocò tutti nella villa di Arcore perché l'Editore voleva darci dei consigli. Venimmo deportati in massa a bordo di un corteo di auto blu.

Gorla mi rimproverò dicendo: «Be', Dose, almeno oggi una cravatta te la potevi mettere».

«Dottor Gorla, non ne porto mai, quando le metto mi sento strozzare, proprio non ne ho» risposi.

«Se me lo avessi detto, te ne avrei portata una della Fininvest» proseguì imperterrito in difesa della sua *mission* aziendale.

Per carità, ho sempre odiato le divise e le appartenenze.

Berlusconi ci aspettava in camicia bianca e tuta blu, seduto al centro di un divano a sei posti, sopra un grande tappeto, in un enorme salone. Tutto sommato l'Editore era simpatico anche se le sue indicazioni si potevano riassumere nella sostanza: è tutto mio, quindi si fa come dico io. Noi eravamo due giovani garzoni di bottega e avevamo solo da imparare, ma assieme a noi c'erano alcuni autori che avevano firmato pagine importanti della TV nazionale. Possedere una televisione non significa automaticamente saperla fare. L'affabile padrone di casa, nel caso specifico Villa San Martino, chiese gentilmente se gradivamo qualcosa. Tutti vollero un caffè. Solo io, preso da improvviso raptus di orgoglio friulano, chiesi una grappa, ma il maggiordomo vestito di chiaro disse che non ne avevano e così pregai per avere dell'acqua di rubinetto. Sono sempre stato coraggioso.

Com'è naturale facemmo tutto quello che ci fu ordinato.

Curiosamente, però, dopo due mesi, proprio quando stavano aumentando gli ascolti, la produzione decise di interrompere la messa in onda; la casta locale degli autori milanesi aveva vinto e noi romani eravamo tutti sotto stress da auditel.

A sconvolgere un equilibrio già precario, arrivò la laconica telefonata di Luisa, mia sorella: «Piero ha la polmonite, il consiglio del medico è di avvisare la famiglia, non potete continuare a gestire la cosa voi amici da soli. La faccenda è troppo seria».

Prima o poi doveva succedere. Quello che avevo temuto per mesi si stava verificando. La malattia si era "conclamata". La speranza che potesse non capitare a noi era andata in pezzi. Il futuro si prospettava come un incubo.

Provate a immaginare cosa significhi sforzarsi di lavorare ai testi di un varietà quotidiano con la mente fissa sul pensiero di una tragedia imminente. Come potevo concentrarmi sulla costruzione di battute divertenti sapendo che Piero stava in ospedale? In più non avevo ancora detto quasi a nessuno di essere gay, figuriamoci se potevo rivelare al mondo che il mio primo amore si era ammalato di Aids!

Le giornate erano diventate insopportabili, non dormivo più, spesso singhiozzavo di nascosto. Durante quelle nottate insonni ho pensato di tutto, di chiedere aiuto a un medico per avere dei sonniferi o un certificato, così da darmi malato e tornare in fretta a Roma.

Forse un tiro di canna mi avrebbe aiutato a rilassarmi, e a lenire il dolore, ma a Milano non conoscevo nessun pusher e non volevo problemi oltre a quelli che già avevo. E risultarono inefficaci tutte le tecniche che avevo imparato fino a quel momento per tenere a freno l'ansia. Provai con la corsa all'alba intorno allo stadio San Siro, oppure con i *movement* di Grotowski, un'evoluzione del training d'attore che avevo praticato per diverse ore, ogni giorno, per sette anni. Niente da fare, neanche cercando di controllare il respiro riuscivo a fermare quella fastidiosa tempesta di pensieri. Ero sotto choc e non riuscivo a venirne fuori. Le avevo provate tutte, o almeno così pensavo.

Fu una mattina nebbiosa di novembre che, ormai allo stremo, mi ricordai, fra le tante cose, di quella frase che mi avevano proposto prima Betta e poi Francesca. Mi misi in ginocchio su quella lurida moquette, e recitai la mia prima ora di Nam-Myoho-Renge-Kyo, sottovoce, per non disturbare Marco che ancora dormiva nella stanza accanto. Presi la cosa per una tecnica, tipo un esercizio di yoga, con la schiena diritta, le mani giunte, cercando di fissare un punto a caso sul muro bianco e concentrandomi solo sul suono.

Ricordo che, dopo qualche decina di minuti, mi salì da dentro tutta la commozione che in quei giorni avevo cercato di tenere a bada. Si manifestò in un'esplosione di pianto. Ne ero scosso, posseduto, ma mi sforzai di terminare l'ora di preghiera che mi ero prefissato. Continuando a recitare quella frase, ebbi la netta, anche se graduale, sensazione di uno snebbiamento della mente, come se il pensiero dei problemi, per sua natura immateriale, scivolasse fisicamente fuori dalla parte bassa del corpo per disperdersi nel pavimento. Concluso l'esercizio mi sentii più energico, vitale e positivo, come alleggerito da un fardello. Certo, il problema era ancora tutto lì, livido, duro, presente, ma di contro avevo acquistato un rassicurante distacco emotivo, che rendeva la pesante giornata di lavoro che mi aspettava di nuovo affrontabile, anzi, la trasformava in una piacevole distrazione dal pozzo nero in cui ero precipitato con la mente.

Mi interrogavo, e analizzandomi l'impressione era quella di avere trovato il telecomando per cambiare canale nei programmi del mio cervello, al punto che, nei giorni successivi, non vedevo l'ora di avere un po' di tempo a disposizione per sperimentare di nuovo quella sensazione di libertà.

Recitavo Nam-Myoho-Renge-Kyo, cioè il Daimoku, in metropolitana fingendo di sonnecchiare, recitavo quando andavo in bagno, recitavo in coda alla mensa aziendale. Quando il programma fu sospeso pensai di restare ancora qualche giorno a Milano per riflettere e ricaricarmi. La nebbia milanese sarà pure romantica, ma quando ho pensieri scuri mi deprime, così improvvisamente feci i bagagli e saltai sul primo treno verso casa alla ricerca di un po' di sano sole.

Chiesi subito a Betta di accompagnarmi a casa di Piero, che nel frattempo era stato dimesso dall'ospedale. Lei lo fece malvolentieri ma mi voleva troppo bene per non aiutarmi. Arrivati lì capii subito il perché. Rimasi colpito dal pallore del suo viso scavato. Gli occhi cerchiati dalle occhiaie, le braccia ossute. Restai spiazzato dall'imbarazzo fra di noi, resi estranei dal distacco che lui si sforzava di manifestare nei miei confronti e dal disordine apocalittico delle stanze – perfetta scenografia alla rappresentazione della tragedia in atto. Mi fece capire di non ripassare più. Volle suggellare con silenzi e imbarazzi l'ufficialità della nostra separazione.

Betta mi regalò un libretto di Gongyo che conteneva brani tratti dal secondo e dal sedicesimo capitolo del Sutra del Loto; mi consegnò, avvolto dentro un fazzoletto di seta gialla con disegnato sopra un airone, una specie di strana collana fatta con perline in legno di sandalo e mi disse con serietà ieratica: «Questo si chiama *jutsu*, rappresenta il corpo umano, il tuo. Prendilo fra le dita pensando di prendere la vita nelle tue mani».

Così, dal 20 novembre del 1989 cominciai a recitare regolarmente la cerimonia di Gongyo, sillabando il Sutra mattina e sera, come avevo visto fare a quella riunione di un anno prima. La cerimonia del mattino durava un'eternità, quaranta minuti almeno. Le prime volte capitava che mi stordisse, facendomi girare la testa, ma poi capii che regolando meglio la respirazione ne avevo un beneficio oggettivo. Fu una grande sorpresa scoprire che anche Paola, che era venuta con noi alla prima riunione a cui avevamo partecipato da neofiti, aveva cominciato da un paio di mesi a recitare questa frase, mentre era in tournée in Belgio. Nella stessa settimana, io a Milano e lei a Bruxelles, avevamo iniziato a sperimentare il buddismo quotidianamente. Appena mi sentii un po' meglio accettai l'invito di Pepito a raggiungerlo per un periodo di vacanza a Port-au-Prince, sull'isola caraibica di Hispaniola. Uno stacco, un viaggio.

Non era una fuga ma un modo come tanti per affrontare l'ignoto, per metabolizzare quella confusione della mente che iniziava a minare la mia integrità.

Il giorno prima di partire l'onnipresente Betta mi consegnò una busta con sopra disegnato un monaco orientale; dentro, su carta di riso e scritto a mano con inchiostro, in bella grafia:

Sviluppa sempre più la tua fede fino all'ultimo momento della tua vita, altrimenti avrai dei rimpianti. Per esempio, il viaggio da Kamakura a Kyoto dura dodici giorni: se viaggi per undici giorni e ti fermi quando ne manca uno solo, come puoi ammirare la luna sopra la capitale? Qualunque cosa accada, rimani vicino al prete che conosce il cuore del Sutra del Loto, continua a imparare sempre più da lui i principi del buddismo e prosegui il viaggio della fede.

Questo, tratto dal Gosho *Lettera a Niiike* di Nichiren Daishonin, era un buon viatico per iniziare un viaggio, ma come potevo pensare alla fine del viaggio ancora prima di essere partito? Riempii un grosso borsone per stare fuori un paio di mesi e partii, con un peso sul cuore, concentrato su Roma, su chi lasciavo alle spalle e non mi voleva vedere più.

Era il capodanno del 1990. Ero in volo sull'oceano Atlantico, destinazione Caraibi, a undicimila metri di altitudine, recitavo Nam-Myoho-Renge-Kyo per Piero, allontanandomi di 8.250 chilometri da lui.

3

All'uscita dall'area arrivi dell'aeroporto internazionale di Cap Haïtien, carico di bagagli come un mulo, mi diede il benvenuto una muraglia umana di questuanti e di parenti in attesa.

L'aria era untuosa, sapeva di sudore, di olio di cocco e di frutta fermentata.

«Permesso? *Let me go, please! Excuse me... sir.*» Provai a farmi capire nel mio inglese da corso a pagamento. Forse era meglio provare in francese, che è la lingua del posto insieme al creolo haitiano. «*Excusez-moi, s'il vous plaît!*» Niente da fare, la folla mi circondava. In pochi attimi avevo compreso che quando si ha la pancia vuota dalla miseria, quando non si ha niente da perdere, vengono a cadere tutte le forme di cortesia e di rispetto formale che tanta sicurezza danno a noi occidentali.

Mi feci avanti con forza in quella massa umana e fu un gran conforto intravedere Pepito sorridente, in fondo al piazzale, che mi era venuto a prendere col suo pick-up sgangherato.

«Ma non avevi gli occhi verdi?» gli chiesi mentre guidava su strade improbabili, pensando, come succede talvolta andando al mare, che la luce estiva gli avesse modificato temporaneamente l'iride. «No» rispose Pepito, «questo è il mio colore naturale. A Roma usavo le lenti a contatto colorate, vanno alla grande nei cruising bar.»

Aveva ragione, in effetti, io c'ero cascato.

Pepito aveva preso in affitto una villetta a due piani con giardino e piscina. La notte c'era la vigilanza armata. Dopo la cacciata per corruzione e violenze di "Baby Doc", il figlio del dittatore Duvalier, regnava nel Paese una grande instabilità ed era meglio per noi bianchi, *les blancs*, essere protetti.

Ciò che mi colpì subito, smaltito il jet lag, fu la grande energia di questa terra. Dalla casa in cui stavo si intravedevano alcune capanne incastonate nella foresta, e da cittadino "professionista" ero piuttosto preoccupato dal continuo brulicare di voci, di vite, di versi forse animali che capitava di ascoltare ventiquattr'ore su ventiquattro: erano tutti rumori nuovi per me. Verso la collina c'era una scuola di bambini, vestiti uguali con le divise rosa o azzurre, che ripetevano per ore filastrocche e tabelline. Di sera c'erano i rumori della foresta. Quando anche quelli si placavano restava comunque il sottofondo della baraccopoli dietro la collina dalla quale talvolta risuonavano tamburi e antiche litanie. Anche a notte fonda cantavano i galli. A Haiti i galli cantano anche con il buio.

Era normale per me fantasticare sul voodoo come ce lo immaginiamo noi, fatto di zombie, galletti sgozzati e tombe scoperchiate. Mi trovavo nella location ideale per un film horror.

Una delle ragioni della miseria di Haiti, mi spiegava Pepito, era dovuta al selvaggio disboscamento dell'isola da parte degli Stati Uniti per procurarsi la legna con cui ricostruire San Francisco dopo il grande terremoto del 1906. Il disboscamento dissennato di quasi un secolo prima ora provocava erosione del suolo, alluvioni, scarsità di acqua e cibo per milioni di persone.

E guardando in giro per strada i colori dei vestiti delle donne e la vitalità generale, non riuscivo a non pensare: come fanno a essere così gioiosi nonostante stiano lottando per la sopravvivenza? Gli haitiani sono un popolo molto orgoglioso. Haiti è il Paese più povero delle Americhe, ma è stata, già nel 1804, una delle prime nazioni a dichiarare la propria indipendenza dalla Francia.

Pepito lavorava tutto il giorno, e avevo finalmente il tempo di riposarmi e dedicarmi solo a me stesso. Non essendo abituato alla servitù ero un po' intimidito dalla presenza di Denise, una giovane mamma creola, minuta e gentile, che puliva, stirava e cucinava per noi. Mi sembrava di disturbarla. Per fortuna la casa era abbastanza grande per nascondermi.

Mi chiudevo nella sala degli ospiti al secondo piano, dove c'era un enorme letto a baldacchino in legno scuro, un grande armadio e molto, molto spazio. Lì continuavo a sperimentare nella penombra assolata la pratica buddista.

Betta mi aveva regalato un conta-Daimoku. Avrei dovuto segnare sul foglio ogni ora recitata barrandone una casella. Con un'ora al giorno, l'avrei riempito in un anno. A una bancarella del Mercato di Ferro mi ero procurato un cartoccetto di cristalli ambrati di incenso grezzo che bruciavo su un piattino. Facevano un fumo insopportabile ma davano, secondo me, un tocco di sacralità al rito.

Francesca, l'arabista, mi aveva dato il numero di telefono di un buddista del posto, ma ero troppo timido per contattarlo. Stavo seduto per terra, aumentando ogni giorno la quantità della preghiera, interrotto una volta da un colibrì, una volta dalla nostalgia di casa, una volta dalla noia.

Tra i pensieri che mi attraversavano c'era la costante preoccupazione per Piero. Desideravo dal profondo del cuore che *lui* stesse meglio. Come potevo amare ancora, se in qualche modo non mi occupavo di chi avevo Amato con la A maiuscola, e che mi aveva insegnato ad amare ed essere amato?

Partivo dal presupposto tecnico, imparato in anni di training teatrale, che ripetendo la stessa sequenza più e più volte a un certo punto l'azione della preghiera sarebbe diventata naturale, sarebbero venuti cioè a cadere quei blocchi dovuti alla cultura di appartenenza o alla propria storia personale, e il gesto e il suono avrebbero iniziato a coincidere con la persona, con il mio essere più profondo, senza interpretazioni dovute alla mente.

Diceva Eugenio Barba che è proprio nell'autodisciplina, nella regola e nell'esercizio continuo che l'attore trova la sua vera libertà. Oltretutto, la mia preghiera doveva arrivare fino in Italia, in un altro continente, quindi doveva essere molto forte e concentrata. Segnavo con una penna la quantità di Nam-Myoho-Renge-Kyo recitata ogni giorno sul conta-Daimoku. Poi mi mettevo a svolgere i rumorosi esercizi di movimento del mio allenamento teatrale, facendo allarmare Denise che lavorava al piano di sotto.

Passavo le giornate recitando, rinfrescandomi in piscina e mangiando frutta tropicale. Una pacchia, se ci ripenso adesso.

Un giorno mi ero messo a frugare per la casa alla ricerca di un filo per ricucire uno strappo alla fascia della spalla del mio zaino ultimo modello, ed ero poi venuto a sapere da Pepito che Denise si era offesa: pensava che io non la credessi in grado di aggiustarlo. Come potevo spiegarle che era solo timidezza la mia, e che da me le faccende domestiche si facevano tutti insieme e quindi non ero abituato ad avere servitù in casa? Arrivò con un ago e il filo interdentale trovato a colpo sicuro nel mio beauty. Mi requisì lo zaino: «Faccio io, vedrà che è molto resistente».

Il giorno dopo me lo restituì perfettamente ricucito a mano e disse sorridendo: «Io conosco una persona che fa quello che fa lei ogni giorno di sopra...». Mi consegnò un biglietto con un nome maschile e un numero di telefono. Lo stesso recapito che mi aveva dato Francesca a Roma tramite la sua amica Josette. Colpito dalla coincidenza, chiesi a Pepito di provare a contattare questo signore e domandargli in francese se avevano in programma di fare delle riunioni buddiste. Per me era fondamentale sapere se eseguivo la preghiera in maniera corretta o stavo inventando o aggiungendo di mio. Nell'attesa continuai a incrementare l'esercizio giornaliero fino a diverse ore al giorno, cinque in media. Ogni tanto facevo una pausa, leggevo qualcosa, mangiavo frutta, bevevo acqua e ricominciavo.

Una settimana dopo, Pepito mi accompagnò, abbandonandomi poi lì, in una casa nella periferia di Port-au-Prince. Una ventina di persone, e io ero l'unico bianco. Pierre, il signore distinto di cui avevo il contatto, mi condusse a lato di un patio, sotto un grosso albero, in una capanna dove troneggiava un semplice altarino con un Gohonzon, la stessa pergamena buddista che avevo visto per la prima volta con Betta a casa di Mario B.

Ci trovavamo nella residenza di una coreografa di Los Angeles che trascorreva lunghi periodi di tempo a Haiti per studiare le danze del voodoo, ed era uno dei primi Gohonzon a essere stato consegnato nel Paese. Quello era l'unico gruppo di persone, in tutto lo Stato, che recitava Daimoku. Mi emozionava essere lì con loro, tutti così accoglienti e semplici, di quella purezza antica, contadina, per cui la luminosità degli occhi è segno di un'anima allenata.

Essendo, come quasi tutti i *black*, molto fisici, si facevano trasportare dal ritmo e l'azione di sfregare il *jutsu* faceva sembrare il loro recitare una danza da seduti.

"Allora si fa così" pensai, cercando di imitarli. Il responsabile mi invitò animosamente a raccontare la mia esperienza. Ma che potevo dire io, che non sapevo neanche quello che stavo facendo? Dissi che ero un principiante e cercai goffamente di terminare il mio intervento prima possibile. Mi offrirono della limonata fresca. Dopo aver sentito tante storie – di cui però capii poco visto che erano raccontate in francese –, e dopo uno scambio di recapiti e saluti calorosi, me ne tornai a casa colpito dal fatto che la coreografa americana avesse offerto la sua abitazione per riunioni con sconosciuti anche in sua assenza.

Nelle poche escursioni che avevo cominciato a fare da solo nel centro di Port-au-Prince, mi imbattei, per caso, nella cattedrale bianca e rosa di Notre-Dame de l'Assomption e rimasi colpito dal trasporto nella fede dei devoti cristiani che l'assediavano. Avevo visto pregare con tale assoluta convinzione soltanto i miei genitori e alcune anziane prozie, e solo in occasioni di particolare urgenza o necessità.

C'era qualcosa di primordiale che animava queste donne creole. Invocavano aiuto divino con tutto il corpo oltre che con la mente e le parole. Alcuni nuovi amici di lì mi spiegarono che lo scopo delle loro preghiere era sicuramente l'ottenimento di un visto sul passaporto per espatriare. Dunque, pensai, non solo è importante come si prega, ma per cosa si sta pregando.

Nei giorni seguenti, perciò, continuai ad aumentare il tempo dedicato all'esercizio, fino a terminare il conta-Daimoku dedicato alla salute di Piero in poco più di un paio di mesi.

Ne risultai trasfigurato. Era diventato divertente farsi trascinare dal movimento come avevo visto fare al meeting. Ero stupito dal risveglio dei sensi, ormai ero quasi in grado di capire il francese, mi sembrava tutto più leggero e luminoso. Avevo scoperto una sconosciuta empatia con il resto dell'Umanità. Per farla breve, mi sembrava che ogni essere, uomo, donna o animale, cercasse di flirtare con me. Niente male per un gay represso. Fino a quel momento, l'unica autostima di cui avevo esperienza era il costo dell'usato presso i concessionari auto.

Mi era capitato, in quei giorni, di accompagnare Pepito nella foresta per visitare un asilo nido che lui aveva costruito insieme ai contadini di un piccolo centro, e di sperimentare i meccanismi automatici del razzismo. Appena mi aveva visto, un bambino si era messo a piangere disperato: era terrorizzato dall'avere di fronte a sé un bianco. Le bambine, invece, mi toccavano i capelli lisci e biondi – una volta li avevo – come se non avessero mai visto prima una cosa del genere.

Com'era possibile, dopo aver studiato per tanti anni la comunicazione umana, che non riuscissi a dialogare in maniera serena con l'ambiente? Non sopportavo l'idea che mi percepissero come un bianco colonizzatore dal quale stare alla larga. Provai quindi a recitare Nam-Myoho-Renge-Kyo per cambiare tutto questo.

Erano i primi giorni di febbraio, e a Haiti, con l'arrivo del Carnevale, si festeggia col rituale voodoo dei *rara*: cortei mascherati, che attraversano danzando al ritmo di tamburi i quartieri di Port-au-Prince. Qualche giorno dopo ne incontrai uno. Era un gruppo di circa duecento persone, prevalentemente ragazzi, guidati da un uomo adulto, una specie di *maître de cérémonie* che scandiva il ritmo delle percussioni con una piccola frusta. Ricordavo che Eugenio Barba, nei sui primi esperimenti di dialogo fra culture, era andato col suo Odin Teatret nella foresta amazzonica e aveva organizzato uno scambio alla pari con una tribù di Yanomami. Ognuno mostrava le sue tradizioni, uno il teatro di strada, e gli altri un rituale della tribù.

«Voglio provare a danzare insieme a loro» dissi ai miei amici indicando il corteo.

Mi guardarono con preoccupazione e cercarono di dissuadermi, perché spesso gli slogan dei *rara* sono politicizzati e capita di frequente che queste manifestazioni sfocino in rapine, pestaggi e omicidi.

«Che problema c'è?» continuai. «Vi lascio il mio orologio, il portafogli con il passaporto. Voglio provare a fare un pezzo di strada insieme a loro senza questi simboli dell'Occidente.»

Mi avvicinai con molto rispetto al gruppo, comunicando col corpo il mio desiderio di partecipare con divertimento alla loro festa. Due giovani mi accompagnarono al cospetto del *maître*, che mi squadrò da capo a piedi, mi sorrise, e annuì col capo. Mi avevano accettato.

Se ti accosti con semplicità agli altri, non c'è barriera che non possa essere abbattuta, le vie del cuore sono le stesse a ogni latitudine.

Da quell'interazione fisica imparai che non aveva senso vergognarmi del mio corpo dinoccolato, non avevo ragione di provare disagio per non essere capace di fare qualcosa. Venivamo da esperienze diverse, ma danzando, potevo dire, eravamo umanamente uguali. Anche un friulano dalla carnagione slavata, insomma, può esprimere un'anima *black*.

Fu in quelle giornate, mentre cucinavo lasagne al forno

haitiane per gli amici dell'ambiente internazionale, che mi telefonò Marco.

«Quando torni? Vaime ci vuole come suoi assistenti per il Festival di Sanremo.»

Un'enorme botta di culo! Avremmo lavorato nella trasmissione televisiva più importante che si fa in Italia. Statisticamente improbabile, per un attore di teatro di ricerca abituato a vivere di espedienti.

4

I primi mesi di pratica buddista furono un po' come un viaggio sulle montagne russe: alternavo periodi di grande euforia e ottimismo ad altri di depressione e sfiducia. Mi ero accorto che questo dipendeva dalla costanza che riuscivo a mantenere nel recitare una certa quantità di Daimoku.

Appena tornato a Roma, Betta mi aveva portato a una recitazione a casa di Costanza, una buddista della sua zona, con due figli giovani: Salvo e Simone. Erano buddisti tutti e tre. Ero così felice di far vedere a qualcuno i miei progressi di quelle settimane. Mi misi a recitare ballando sul posto come avevo visto fare a Haiti.

Salvo, danzatore di mestiere, mi spiegò con molto garbo che non era necessario muoversi continuamente. Era meglio, anzi, se stavo proprio fermo, con la schiena dritta, concentrato sull'armonia acustica del gruppo e sul Gohonzon.

In quel periodo ero avido di riunioni e di letture, volevo sapere tutto su questo buddismo di Nichiren Daishonin. Così cominciai a slegarmi da Betta e chiesi il contatto di un gruppo che si riuniva a Cinecittà, vicino a casa dei miei.

Fui accolto amichevolmente da Renato, che si occupava dei giovani uomini del quartiere. Lui mi presentò Emma, una mamma molto attiva che lavorava all'Istituto Luce, e questa mi accompagnò a casa di Ivana, incantevole parrucchiera dagli occhi vispi e simpatici, che mi diede subito una lezione su come fare Gongyo. Dovevamo sillabare il libretto cercando di non commettere errori. Lei ci teneva il tempo battendosi la mano sui jeans.

Quello di Cinecittà era un gruppo di persone eterogeneo: c'erano due giovani donne molto impegnate nelle attività buddiste, tante madri di famiglia e un ex frate francescano che si occupava di massaggi plantari. Nelle mie peregrinazioni teatrali avevo frequentato prevalentemente artisti e intellettuali, ma avevo perso un po' il contatto con la vita reale, le persone comuni come me. Con troppa facilità artisti, studiosi e politici perdono il contatto con la vita reale. Non ho ancora capito se questo succeda perché hanno la mente troppo piena di concetti o perché, pensando di essere arrivati da qualche parte o magari di essere migliori degli altri, si ammalano gravemente di superbia.

Ci si incontrava a casa di Ivana, in via Tuscolana, due volte al mese, il primo e il terzo giovedì, per lo *zadankai*, che in giapponese credo significhi "sedersi e parlare". Era, infatti, una riunione di discussione. Dopo aver praticato insieme, ognuno raccontava delle sue esperienze di fede. C'era un'aria familiare e incoraggiante. All'inizio ero un po' scandalizzato dalla semplicità delle esperienze condivise: c'era chi era grato per aver trovato in saldo un paio di scarpe tanto desiderate, chi aveva passato brillantemente un esame difficile. Tutte cose che si sarebbero potute realizzare anche senza la preghiera. Mi fu spiegato che era importante darsi degli scopi, per sperimentare l'efficacia della pratica.

«Scriviti le cose per cui stai recitando» mi disse Ivana, «così, alla fine dell'anno, potrai verificare i risultati delle tue vittorie e rideterminare le cose ancora da realizzare. Ogni buddismo» continuò «nasce per dare una risposta alle sofferenze umane: per una madre di famiglia può essere una sofferenza non potersi permettere un paio di scarpe nuove, per un'altra lo è un problema di salute o la disoccupazione del figlio. I motivi per cui soffriamo sono differenti, ma la sofferenza è uguale per tutti. Prefiggersi uno scopo concreto è un *hoben*, un espediente, per sperimentare il potere della Legge dell'Universo. Ricordati però che lo scopo fondamentale della pratica di Nichiren Daishonin è far emergere la tua natura di Budda e farti diventare una persona felice. Pur se comuni mortali, tutti siamo dei potenziali Budda, persone di grandissimo valore, solo che non siamo consapevoli delle nostre facoltà, un patrimonio addirittura incommensurabile, cioè *non* misurabile.»

Una giovane donna dal viso tondo e con i capelli cotonati mi spiegò il significato di "Nam-Myoho-Renge-Kyo", che letteralmente vuol dire: "Mi dedico alla mistica Legge di Causa ed Effetto attraverso il suono".

Nichiren ci ha lasciato la pratica corretta più adatta a questa epoca di conflitti. Non è che gli altri insegnamenti buddisti siano sbagliati, ma in questa epoca di *mappo*, di decadenza, duemilacinquecento anni dopo la morte del primo Budda storico, Shakyamuni, "il saggio degli Shakya", l'Umanità è così corrotta da rendere necessaria una preghiera più efficace. Nam-Myoho-Renge-Kyo non è un'invenzione di Nichiren, ma il titolo del Sutra del Loto trascritto dai discepoli del Budda, che Shakyamuni stesso indica come il cuore del suo insegnamento. Queste verità non erano mai state rivelate prima perché il tempo non era adatto, non era stato necessario, e la gente non le avrebbe comprese.

Mi spiegarono che Nichiren aveva lasciato ai posteri il Gohonzon, un oggetto di culto in ideogrammi cinesi e sanscriti, nel quale aveva espresso graficamente il suo stato vitale, la sua buddità. In ogni singolo istante dell'esistenza possiamo sperimentare stati vitali diversi, gioia o sofferenza, collera o umanità, avidità o altruismo e percepire la realtà attraverso questo gioco di interazioni tra le condizioni esterne e le tendenze interiori personali. Nello stato vitale della buddità si assapora la forza vitale dell'universo e ogni esperienza, comprese vecchiaia, malattia e morte, può diventare opportunità di gioia e appagamento. Tutto dipende da noi, dalla direzione della nostra mente e del nostro cuore.

Alla fine della riunione mi regalarono un cartoncino colorato su cui era scritto un brano tratto dal Gosho *Risposta a Kyo'o* di Nichiren Daishonin:

Credi profondamente in questo mandala. Nam-Myoho-Renge-Kyo è come il ruggito di un leone. Quale malattia può quindi essere un ostacolo? [...] Una spada sarà inutile nelle mani di qualcuno che non si sforza di lottare. La potente spada del Sutra del Loto deve essere brandita da un coraggioso nella fede. Allora egli sarà forte come un demone armato di una mazza di ferro. Io, Nichiren, ho iscritto la mia vita in inchiostro di sumi, perciò credi profondamente nel Gohonzon.

Un oggetto di culto in forma di pergamena. Io ero abituato alle visite domenicali che papà ci faceva fare nelle chiese barocche di Roma per ammirare statue, affreschi, immagini sacre e santi imbalsamati, ma mai mi era capitato di incontrare un oggetto di devozione con ideogrammi orientali. Era allettante, persino colorita, la promessa di diventare forti come demoni armati in cambio di una fede coraggiosa.

Ero anche colpito dal fatto che si parlasse di malattia, un tema che mi trovava ovviamente molto sensibile. Partecipare a quelle riunioni era una bella occasione, durante la settimana, per ricaricare le batterie e ricevere nuovi stimoli di riflessione, e io ne avevo un gran bisogno.

Tornato da Sanremo, mi era capitato di incontrare Piero, per caso, in un locale col suo nuovo fidanzato, un giovane ossuto, smilzo ed elegante. Stava bene, mi sembrava sereno. Me lo presentò con evidente imbarazzo di entrambi. «Lui è Luigi, studia Architettura.»

Gli strinsi la mano, con un'affabilità esagerata, fingendo cordialità.

Strana sensazione quando incontri qualcuno che hai amato nel passato: si comunica con la stessa intimità degli anni trascorsi insieme, ma ponendo una barriera emotiva sconosciuta. Ne prendevo atto. La nuova situazione non mi faceva piacere, anzi rosicavo – come si dice a Roma – tantissimo, ma la cosa più importante, mi dicevo, era che lui stesse bene, con o senza di me.

Quando si ama, quando si desidera fortemente il bene di una persona bisogna trovare il coraggio di lasciarla andare, e io ancora non ci riuscivo. Chi non trova questo coraggio, nonostante si convinca di essere ancora innamorato, non sta amando più. In realtà, sta solo cercando di tenere in vita l'illusione di possedere ancora l'oggetto amato.

Mi capitò di incontrarli di nuovo. Ricordo che una volta cambiai strada, con un tuffo al cuore, confidando nel fatto che non mi avessero visto. Potevo voltare angolo o pagina, pensare alla mia, di vita, ma le notizie che mi arrivavano dagli amici comuni non erano buone.

Piero stava peggiorando. Dopo essere svenuto mentre saliva le scale di casa di Betta, era un continuo entrare e uscire dall'ospedale, vuoi per l'apparizione di lesioni violacee da sarcoma sul viso, vuoi per l'anemia causata dai farmaci, o per nuovi problemi polmonari.

Decisi, comunque, di occuparmi ancora di lui, anche senza un ruolo definito, come se mi curassi di un parente, di un fratello o di un vecchio amico.

Mi ci voleva parecchio coraggio per affrontare il padiglione di Malattie infettive dell'ospedale Spallanzani di Roma, il Baglivi. Ogni volta che ne varcavo la soglia mi prendeva un groppo alla gola. Non aveva senso venire, mi rimproveravo, se non avevo l'energia necessaria per rallegrarlo. Ma la situazione non era per niente rassicurante, quasi ogni giorno qualcuno dei ricoverati se ne andava. Più che la morte in sé, che si arriva ad accettare come inevitabile, era uno strazio assistere al dolore delle madri, dei compagni e dei parenti, e non poter fare quasi nulla. Lo stesso eroico personale infermieristico, che ricordo con gratitudine, cambiava continuamente perché sottoposto a uno stress eccessivo.

Il padiglione Baglivi era vecchio, con i muri scrostati, e noi amici facevamo quello che potevamo. Ogni giorno mi inventavo qualche sorpresa per farlo ridere, un sorriso di normalità strappato quasi con rabbia al dolore, per continuare a sperare. La sua cartella clinica, ancora cartacea, era diventata spessa come il volume di un'enciclopedia; chi mai l'avrebbe letta?

Mi ero accorto che non prendeva più il sonnifero della notte, che gli veniva consegnato dentro delle garzette ripiegate, e nascondeva le pillole nel cassetto del comodino, sotto gli effetti personali... che le volesse ingoiare tutte insieme? mi chiedevo.

Si scherzava sul nuovo infermiere bonazzo o si inorridiva scandalizzati perché una tossica ricoverata, uscita della struttura nonostante la vigilanza, era stata vista prostituirsi *low cost* sulla Portuense a tariffa fissa *all inclusive.*

Piero aveva le braccia scarne, ricoperte di ematomi per le innumerevoli flebo. Spesso mi chiedeva notizie di amici e io raccontavo qualsiasi cosa per non dirgli che la paura impediva loro di venirlo a trovare.

Se c'era il sole cercavo di convincerlo a farsi due passi in giardino, se faceva troppo caldo portavo un po' di gelato, se pioveva mi presentavo con una nuova musicassetta da ascoltare.

Quando siamo sani, non pensiamo all'enorme privilegio che abbiamo. Ogni giorno dovrebbe essere una festa, così, senza un motivo apparente, per il solo fatto di essere vivi e in buona salute.

Eravamo tutti consapevoli di quello che stava per succedere, ma mi sembrava utile portare lì dentro un po' di normalità. Qualche volta ci riuscivo, qualche volta no.

Per fortuna avevo a disposizione il mio nuovo strumento per provare ad alzare lo stato vitale oltre il problema e cercare così di essere positivo e ottimista nonostante tutto, in modo da tirarlo su.

Con tre ore di Daimoku di prima mattina, ero in grado di rallegrare, o comunque di distrarre, l'intera camerata.

Ripensandoci adesso, è facendo il pagliaccio in quelle corsie che ho rafforzato l'attitudine a distillare gioia da qualunque circostanza, a spremerla anche dai sassi, cosa che mi è stata utilissima negli anni a venire.

Ogni mattina mi ingegnavo, facendo la spesa, per portare un piatto caldo che invogliasse Piero a mangiare qualcosa di diverso dalle deprimenti pietanze ospedaliere.

Dopo Sanremo, intanto, il lavoro aveva ingranato alla grande. Grazie a Vaime, che ci aveva eletto a suoi assistenti, io e Marco firmavamo un ingaggio dopo l'altro, cosa niente affatto scontata nel mercato dello spettacolo: quando facevo l'attore avevo passato interi mesi senza battere chiodo in attesa di una telefonata.

Arrivò l'estate e le meravigliose ragazze del mio gruppo mi incoraggiarono a partecipare all'annuale corso estivo buddista, una full immersion di tre giorni che si teneva presso un grande hotel sulla via Aurelia.

«Mettiti in lista e recita più Daimoku che puoi, vedrai che anche se sei ancora un principiante riuscirai a partecipare.»

Era già qualche giorno che Piero, intossicato da varie terapie sperimentali, rifiutava il cibo rischiando di debilitarsi ulteriormente. Inoltre, era arrivata dalla Puglia la sua famiglia, il che contribuiva ad aumentare il mio disagio. Piero non aveva un ottimo rapporto con suo padre, e di conseguenza neanche io. Ero molto arrabbiato. Roma era vuota, in quei giorni di Ferragosto, e anche gli ultimi "amici" erano in partenza per le vacanze. Avevo l'impressione che lo stessero tutti abbandonando all'inevitabile. Appena mi fu comunicato che avrei partecipato al corso, presi la decisione di sfidarmi oltre ogni limite.

"Reciterò dieci ore di Daimoku al giorno per dieci giorni. Voglio proprio vedere la prova concreta di cui sento tanto parlare alle riunioni" pensai. "O vedo dei miglioramenti palesi nella condizione di Piero o questa cosa stramba la smetto adesso!"

E così mi lanciai in quella sfida irrazionale, non so se dettata dall'amore o dall'istinto, senza avvisare quasi nessuno degli amici con più anni di esperienza nel buddismo, che avevo scelto come punti di riferimento nella fede. Non era facile recitare tanto tempo senza avere un Gohonzon a disposizione. Qualche ora la passavo al Kaikan, il tempietto di via Pietro Cartoni a Monteverde. Era una piccola palazzina a due piani, con poche stanze, ma era vicina all'ospedale e così avrei ottimizzato i tempi. Ricordo che sullo stipite della porta della sala dove si recitava c'era un cartoncino appeso con una puntina da disegno che recava una frase tratta da *Giorno per giorno* di Daisaku Ikeda, il leader della Soka Gakkai, l'associazione laica che ha propagato gli insegnamenti di Nichiren in tutto il mondo:

Ovunque andiamo non possiamo sfuggire alle sofferenze, che sono parte della vita. Se non possiamo evitare il dolore allora la sola scelta che abbiamo è di superarlo. Poiché non abbiamo altra possibilità che questa, dovremmo vivere con gioia e forza tale cammino. Continuiamo a lottare e a recitare Daimoku fino all'ultimo istante.

Pensai non fosse un caso l'aver notato quel cartoncino proprio quando ne avevo bisogno. Tutti mi parlavano di questo signor Ikeda, invitandomi ad approfondire il mio legame con lui, con il maestro – *sensei*, in giapponese. Ma cosa avevo io in comune con questo simpatico signore grassoccio di mezza età? Mi era chiaro, dopo gli incontri con Barba e Vaime, che il ruolo di un maestro è fondamentale per imparare quello che non può essere insegnato sui libri. Ma cosa dovevo imparare da Ikeda? Leggevo le sue guide sulle riviste buddiste, le spiegazioni di alcuni principi teorici, percepivo il suo sincero tentativo di attualizzare gli scritti del Daishonin alla società attuale, ma non capivo ancora il punto. Mi sembrava, anzi, addirittura un po' esagerata l'enfasi intorno a questa figura. Comunque, ormai ci ero dentro e decisi che avrei usato quelle ore di slancio nella fede per approfondire il mio legame con lui, rivolgendomici direttamente, cercando di sentirlo al mio fianco nella preghiera. Renato, il mio punto di riferimento tra i giovani, venuto a sapere della mia decisione mi consigliò di andare a casa di Serena, un'attrice torinese con una grande capacità di coinvolgimento che stava recitando diverse ore al giorno per sostenere la preparazione del corso. Aveva, come tutti, anche altre cose da fare, così un giorno mi schiaffò davanti al suo Gohonzon e mi disse: «Devo fare delle telefonate, mettiti qui davanti, guida tu. Torno tra un po'».

Così, mi ritrovai, per la prima volta, da solo davanti alla pergamena buddista. Dopo un'altra ora di Daimoku, forse per l'iperventilazione, o forse non so, ebbi l'impressione che lo spazio fra gli ideogrammi si illuminasse e provai un'intensa sensazione di gioia. Uno stato di leggerezza, di calore del cuore, di vigore del corpo, come quando recitavo a Haiti. Ero quasi spaventato per la rapidità con cui tutto ciò era avvenuto.

Lo dissi a Serena che, invece, si rallegrò e disse: «Hai sperimentato il principio di *kyochi myogo*, la fusione di realtà e saggezza! "Realtà", *kyo*, indica la realtà oggettiva, mentre "saggezza", *chi*, è la saggezza soggettiva in grado di comprendere questa realtà. Hai sentito, con la vita e non solo con la testa, che tu, la Legge, il Budda e il Gohonzon siete una cosa sola. Questo significa ottenere la buddità nella forma presente. Che bello, congratulazioni! Stai iniziando a interiorizzare il Gohonzon!».

A casa pensavano fossi andato fuori di testa. Uno spiccato senso del dovere mi spingeva a terminare le dieci ore continuando a recitare sul terrazzo dei miei fino a notte fonda. Stavo lì, seduto per terra, con una candela accesa, davanti al muro. Solo l'ultimo giorno mi resi conto che forse era una sfida insensata dettata dal mio arrogante eroismo sempre in cerca di conferme e mi fermai, interrompendo la maratona alla novantottesima ora.

Con quello stato d'animo partecipai al corso estivo, dove ascoltai le lezioni di Gosho, le lettere di incoraggiamento nella fede che Nichiren spediva ai suoi discepoli, e condivisi le tante meravigliose esperienze raccontate dagli altri. Ricordo uno scultore, che aveva risolto il suo problema di balbuzie, e il mio compagno di camera, che aveva avuto una regressione da una forma leggera di sclerosi. Fu un corso emozionante e illuminante.

Me ne scappai dall'hotel commosso, senza salutare nessuno dopo che a pranzo, proprio nella mia tavolata, un ragazzo con la barba intonò alla chitarra *'O surdato 'nnammurato*: troppo struggente da sopportare per il mio stato d'animo di allora.

Tornato a casa, papà insistette perché andassi in campeggio con la famiglia di mio fratello Emanuele. Dovevo digerire un sacco di cose. Mi sentivo in armonia con tutto quello che mi stava intorno. Il mare, i riflessi del sole sull'acqua, addirittura la folla di bagnanti, tutto era piacevole, tutto mi appariva così costantemente luminoso, e io ne ero abbagliato. Ed era sorprendente perché avevo sempre trovato le spiagge italiane ad agosto rilassanti come lo Sbarco in Normandia.

Quando si è abituati a stare male, però, provare quella sensazione di felicità immotivata può mettere paura. Mi spaventai al punto che, dopo un paio di giorni così, tracannai un paio di mojitos per mettere fine a quel persistente stato di benessere.

Fu mentre mi saliva un leggero torpore alcolico che arrivò la telefonata di mio padre: mi avvertiva che Piero mi aveva cercato a casa, aveva allontanato i suoi parenti, aveva ripreso a mangiare di gusto e voleva rivedermi al più presto.

5

Le settimane successive passarono in fretta, tra visite in ospedale e tentativi di ricostruire un po' di normalità. Ci volle del tempo per sistemare tutte le emozioni, e le informazioni che avevo appreso al corso estivo buddista. Non potevo dimenticare le sensazioni provate durante le maratone di preghiera dei giorni precedenti e l'effetto che avevano avuto su di me. Non comprendevo però come fosse stato possibile che le mie preghiere avessero in qualche modo rigenerato Piero. Eppure era quello per cui avevo pregato con tutte le mie forze, e forse anche di più.

Molti penseranno che io sia stato un po' matto a trascorrere tutto quel tempo davanti a un muro per recitare Nam-Myoho-Renge-Kyo. Ore e ore che avrei potuto dedicare ad altro, a leggere, a lavorare o a fare sport. In effetti, non è necessario dedicarcisi in modo così intensivo. Non lo fate. Forse era un mio bisogno momentaneo, un'emergenza: riempire il vuoto con un'ossessione. La pratica corretta, mi avrebbero insegnato in seguito, consiste nella lettura di Gongyo, mattina e sera, con un'ora di Daimoku giornaliera. Ero io che avevo avuto il bisogno di esplorare in fretta le dimensioni di questo insegnamento e lo avevo fatto nel modo che conoscevo, così, lanciandomi a capofitto, come in passato avevo fatto con i miei allenamenti teatrali.

Un relatore del corso aveva detto che non è importante come si comincia, è importante come si continua.

Molta gente si accende facilmente per una cosa nuova. La fede, però, non deve essere come il fuoco, che divampa e presto si spegne. La fede, scrive Nichiren nella lettera *I due tipi di fede*, deve essere come l'acqua che scorre con costanza:

Avere fede come l'acqua significa credere sempre senza mai retrocedere.

Ero ancora un principiante in questa nuova fede e stavo cercando la *mia* giusta misura, quanto Daimoku recitare e come farlo, come imparare il giusto atteggiamento per avere degli effetti soddisfacenti. Spiavo chi recitava in maniera energica o chi manifestava coerenza, e cercavo di imitarlo, con la consapevolezza che i buoni risultati, come per ogni cosa nella vita, si ottengono perseverando con pazienza.

Uno degli altri concetti più ribaditi al corso era stato che la pratica consiste di due aspetti, quella per sé e quella per gli altri. Dato che lo scopo del Budda è condurre tutti gli esseri umani all'illuminazione, se desidero manifestare la mia buddità devo impegnarmi nel portare un po' di gioia agli altri. La vita mi stava insegnando che non si può essere felici da soli. Fino a quel momento non avevo avuto problemi gravi, avevo trascorso un'infanzia felice e protetta, avevo potuto studiare e dedicarmi a quello che mi piaceva. Il problema nuovo era il dolore che provava Piero. Lo sentivo come mio, ma cosa potevo fare per alleviarlo? Niente. Di fronte a una malattia senza cure disponibili non potevo fare altro che pregare.

Tutte le persone della comunità buddista che avevo conosciuto in quei giorni di agosto avevano dato il loro contributo alla riuscita del corso e lo avevano fatto a titolo volontario. Si possono aiutare gli altri anche con piccoli gesti.

Ricordo che la prima sera del corso, dopo la cena, mentre vagavo un po' sperduto per l'hotel, nei sotterranei incontrai una ragazza mora, seduta per terra, che ritagliava dei cartoncini e ci scriveva sopra a pennarello alcune frasi di incoraggiamento da distribuire il giorno dopo alla grande riunione. Si chiamava Lucia B.

«Mi aiuti?» mi chiese.

Mi sedetti per terra con lei, forbici e colori in mano. E stringemmo amicizia, così semplicemente, facendo qualcosa insieme per gli altri partecipanti. La sua accoglienza nei miei riguardi aveva demolito, in pochi istanti, la mia tendenza a isolarmi, e quella sera andai a dormire tutto allegro.

Il giorno dopo non vedevo l'ora che venissero distribuiti i cartoncini che avevo fatto con lei. Era piacevole vedere come degli sconosciuti, ricevendoli e leggendoli, sorridessero incuriositi. Se Lucia non mi avesse coinvolto, se non mi avesse trasmesso la naturalezza con cui stava contribuendo al successo del corso, per come mi conosco, probabilmente me ne sarei stato per conto mio tutto il tempo.

Non vedevo l'ora di raccontare al mio gruppo di Cinecittà l'esperienza che avevo vissuto e di condividere con gli altri tutti gli appunti che avevo preso durante quelle giornate. L'occasione si presentò al primo meeting di settembre.

Alle riunioni buddiste, però, non avevo ancora trovato il coraggio di parlare apertamente del mio essere gay. Un problema tutto mio, perché non credo ci volesse una zingara con la palla di vetro per capirlo. Durante gli incontri parlavo genericamente di un mio "amico" che aveva "un problema di salute", e raccontavo che mi stavo prodigando per aiutarlo. È stata Irene, una donna schietta, che veniva dal femminismo separatista lesbico, a prendermi da parte e a chiedermi, dopo l'incontro, notizie più dettagliate. Aveva appena rilevato un bar sotto casa dei miei, che scherzosamente chiamavamo Budda Bar, e considerai la cosa una interessante coincidenza.

Parlare con lei fu di grande conforto, perché riportò normalità in qualcosa che, nella mia omofobia interiorizzata, consideravo fuori dalle regole e quindi da nascondere. Avevo finalmente qualcuno, fuori della cerchia degli amici più stretti, con cui confidarmi, senza omissioni, senza mutilazioni della personalità. Irene mi rivelò che nel dodicesimo capitolo del Sutra del Loto, il capitolo Devadatta, si racconta la storia di Ryunio, la figlia di otto anni del Re Drago. Era opinione comune, ai tempi di Shakyamuni, che le donne non potessero ottenere l'illuminazione e diventare dei Budda. In più, Ryunio era una bambina, non aveva fatto le austere pratiche che erano considerate indispensabili e aveva anche un aspetto squamoso e animalesco. Secondo le convenzioni di quei tempi una donna, per diventare un Budda, doveva morire e rinascere come uomo. Fu quindi grande la meraviglia dell'assemblea e dei discepoli più studiosi e vicini al Budda, nel vedere Ryunio ottenere istantaneamente lo stato di buddità e illuminarsi di fronte a loro.

Era interessante venire a sapere che, nel Giappone feudale del XIII secolo, dove il ruolo sociale della donna era totalmente subalterno a quello del marito, il monaco Nichiren avesse enfatizzato l'uguaglianza del genere femminile rispetto a quello maschile, promettendo l'ottenimento della buddità nella forma presente, *qualunque* essa fosse. «Se Nichiren afferma che tutti possediamo la buddità e possiamo manifestarla, in quel "tutti" ci sono anch'io con le mie caratteristiche e i miei difetti» disse Irene e, citando Nichiren Daishonin, aggiunse:

I fiori del ciliegio, del susino, del pesco e del prugno selvatico hanno ognuno le proprie qualità, e manifestano le tre proprietà della vita del Budda originale senza cambiare le loro caratteristiche.

Furono così confortanti quelle chiacchierate al Budda Bar di Irene. Finalmente avevo incontrato una religione che non faceva distinzioni di genere. Per la prima volta, non mi sentivo più diverso e sbagliato.

Col passare dei giorni, stavo riuscendo a digerire le tante novità e i principi buddisti che erano stati esposti durante il convegno.

Tra gli altri mi era rimasto molto impresso il principio di

esho-funi, che spiega l'inseparabilità tra la vita individuale e il suo ambiente. Nessun essere o fenomeno esiste di per sé, ma solo in relazione ad altri esseri e fenomeni. In giapponese si usa il termine *engi*, "origine dipendente". Ogni nostra azione ha un impatto sugli altri e sull'ambiente, il che la dice lunga su come siamo arrivati alle emergenze ambientali che il pianeta si trova ora ad affrontare. Solo l'educazione di ogni singolo a una vita "contributiva" consentirà alla specie umana di trovare le soluzioni per la sopravvivenza di cui abbiamo così tanto bisogno.

Ma è inutile conoscere la teoria dei principi buddisti se non li si mette in pratica nella vita quotidiana.

Come ho già raccontato, conclusa l'esperienza di Sanremo, io e Marco avevamo cominciato a lavorare a spron battuto. Il nostro maestro di scrittura Enrico Vaime ci aveva proposto di lavorare con lui per una trasmissione di Telemontecarlo, "La più bella sei tu", presentata da Luciano Rispoli, una rievocazione delle passate edizioni di Sanremo. Da insicuro quale ero da giovane, vivevo con fatica il lavoro dell'autore. Eravamo alle prime armi e trovavo l'ambiente degli studi televisivi ostile, competitivo e sgradevole. Non avevo ancora smaltito l'esperienza in Fininvest e la cosa mi suscitava ansia.

"Che ci sto a fare qui dopo tanti anni di studio per fare l'attore?" pensavo, pieno di frustrazioni. "Ma se mi dicono che cambiando il mio io cambia il mio ambiente, devo provarci!"

Così, prima di affrontare la giornata, che consideravo un macigno insopportabile, decisi di sperimentare il Daimoku per tentare di cambiare questa sensazione di inadeguatezza. Ogni mattina, puntavo la sveglia e recitavo un'ora di Nam-Myoho-Renge-Kyo prima di andare a lavorare.

Dopo tre settimane che portavo avanti questo sforzo, con gli unici scopi di sostenere Piero e di cambiare il mio ambiente di lavoro, un giorno era successo qualcosa di speciale.

C'era un lungo corridoio pieno di porte prima di arrivare

alla nostra redazione. Dietro ogni porta c'era qualcuno che lavorava a un aspetto della trasmissione: chi curava i filmati, chi la disponibilità degli ospiti, insomma, tutto quello che c'è da fare per una messa in onda. Quella mattina ci impiegai quasi mezz'ora per percorrere quel corridoio. A ogni porta, si affacciava qualcuno che voleva parlarmi. Una ragazza mi raccontò di sua madre che aveva un serio problema di salute, un'altra mi volle invitare al bar per farmi una relazione sulla crisi che aveva col compagno affinché la consigliassi, un tecnico del suono ci tenne a spiegarmi come, nella notte, aveva smontato e aggiustato un radio-microfono che aveva dato problemi durante una prova. Arrivai all'appuntamento con qualche minuto di ritardo, ma con uno stato vitale impressionante. In quelle tre settimane, senza rendermene conto, ero diventato un po' amico di ognuno di loro. Il lavoro non era più faticoso, si era trasformato in un'occasione per approfondire tante nuove relazioni. La cosa, peraltro, mi rendeva più incisivo: se come autore dovevo dare un ordine, segnalare una variazione sulla scaletta, trovavo tutti pronti a collaborare per aiutarmi.

«Non ti preoccupare! Ci penso io!»

Era proprio vero quello che avevo ascoltato dai buddisti: cambiando il mio atteggiamento verso gli altri, aprendomi a ognuno di loro, stabilendo una relazione, cambiavano le loro reazioni verso di me. Cambiando io, era cambiato il mio ambiente! Be', fu esaltante. Cerco di ricordarmi di questa esperienza, tutte le volte che trovo un ambiente che percepisco ostile. È come quando impari a nuotare o ad andare in bicicletta: una volta che hai imparato, anche se lo fai dopo molto tempo, ti scopri sempre capace di rifarlo.

Una mattina qualsiasi Piero mi chiamò fuori dal solito orario: era disperato. Aveva perso la vista. Le analisi confermarono che un fottutissimo citomegalovirus aveva attaccato il nervo ottico in entrambi gli occhi.

Era arrivato il buio. Provarono a fargli delle iniezioni di antibiotico direttamente nel bulbo oculare, ma il primario del Forlanini, dove era stato trasferito, mi prese in disparte e mi disse chiaramente che la retina non era più irrorata.

Nella malattia l'essere umano si abitua a tutto, a qualsiasi condizione. Io avevo un solo pensiero: alleggerire, per quanto potevo, la sua sofferenza.

Fu lui a chiedermi:

«Ti va se recitiamo un po' di Daimoku?»

Lo cantammo con naturalezza, con sincerità, e non potrò mai dimenticare quella mattina, qualche giorno dopo, quando riconobbe la maglietta che indossavo appena entrai nella sua stanza.

Anche lui aveva sperimentato che un'azione di fede sincera può avere effetti biologici. Chi non segue nessuna fede può spiegare l'accaduto ricorrendo al concetto di effetto placebo. A me non interessava capire il perché, io volevo dei risultati e li volevo raggiungere il prima possibile.

L'altra cosa incredibile di quei giorni era la dignità e la leggerezza con cui Piero riusciva ad affrontare la situazione. Gli amici e i parenti, accorsi questa volta in massa, erano scioccati dal fatto che fosse lui a consolare e incoraggiare noi. Aveva accettato la situazione e manifestava gratitudine per l'affetto che sentiva intorno. Questo era l'effetto della sua preghiera. Non so darmi altre spiegazioni per una tale serenità.

Nei giorni successivi, trasferito di nuovo al tetro padiglione Baglivi dello Spallanzani, fu anche intervistato da una troupe televisiva per uno speciale di "Viaggio intorno all'uomo" di Sergio Zavoli, durante il quale, come mi riferirono poi, riportò alcune riflessioni che aveva fatto una sera con me e Betta.

Si era tolto la maschera dell'ossigeno, si era messo a sedere sul letto con le gambe incrociate, aveva divorato con gusto quattro merendine alla carota, e si era messo a parlare con calma e serenità:

«Forse è meglio che me ne vada, non ci vedo più. Come potrei continuare a lavorare? Sono stanco, magari mi riposo un po' e ricomincio un'altra vita da un'altra parte.»

Quella sera avevo realizzato che il tempo stava finendo. Riaccompagnando Betta a casa, provai quello che proviamo tutti in una situazione del genere, sentendo, con la mente, con il cuore e con la pancia, che siamo dei comuni mortali. Non ho mai voluto vedere quella registrazione.

Piero aveva provato a reagire con tutte le sue forze, ma il nemico era molto, troppo potente, e prese il sopravvento. Si manifestarono delle lesioni di sarcoma in gola. Si tentò una radioterapia. Non gli era più consentito neanche recitare. I protocolli ospedalieri dell'epoca, inoltre, prevedevano che il paziente fosse bombardato di farmaci senza troppe valutazioni sulla loro effettiva tossicità. È chiaro che si stava scegliendo il male minore.

Quello che è successo in seguito lo potete immaginare: nuove terapie, dimissioni, ricoveri urgenti in ambulanza, corse nella notte per trovare la farmacia di turno che avesse una bombola d'ossigeno, il tentativo di avviare la pratica Inps per il riconoscimento dell'invalidità e avere almeno il permesso di circolazione nel centro storico per poterlo trasportare, permesso mai arrivato. Ma ci furono anche momenti di grande tenerezza, come quella volta in cui lo accompagnai in macchina sulla spiaggia di Ostia, in autunno, per fargli sentire il vento, il rumore e l'odore del mare.

«Ti voglio bene» disse sorridendo, «se tengo gli occhi chiusi mi sembra di vederlo, il mare.»

6

Piero se n'è andato in un giorno di sole con grande dignità. Il 22 gennaio era uno scialbo martedì e faceva molto freddo. Mi telefonò Betta mentre ero in riunione creativa a casa di Paola Pascolini. Marco mi mise una mano sulla spalla senza dire nulla. È curioso come la morte, per quanto attesa o addirittura invocata, prenda sempre alla sprovvista. Non ho voluto vedere Piero. Ho preferito ricordarlo nei momenti belli.

Dopo le prime ore di stordimento, provai a recitare Daimoku per lui, per salutarlo, ma non ce la feci, troppo dolore: tutto mi ricordava che non c'era più.

Il giorno dei saluti e del trasferimento in Puglia sentii che avevo ancora una cosa da fare per lui: cercare di continuare a vivere. Se mi fossi lasciato andare, tutto sarebbe davvero finito. La nostra relazione spirituale poteva invece continuare attraverso me. Se io fossi diventato una persona felice forse lui lo avrebbe sentito. Mi confortava il pensiero di essermene occupato *fino in fondo*, di avere aiutato sua madre e suo fratello nelle ultime settimane, di giorno e di notte. Solo, avrei voluto salutarlo, abbracciarlo e rassicurarlo una volta ancora.

Nichiren Daishonin dice che l'inferno del malato sono le persone che si disperano intorno a lui. Perciò è importante che si crei un ambiente rassicurante, strappando attimi di vita al dolore. Per fare questo avevo cercato ogni giorno di costruire uno stato vitale imponente, e tale esercizio mi aveva fatto diventare una persona migliore. Sono immensamente grato a Piero per avermi ispirato questa motivazione. La passione nella nostra relazione era stata la spinta a sfidarmi e mettermi alla prova così intensamente. Una persona morta non può cambiare lo stato vitale, ma può essere aiutata dai vivi che la sostengono nel trapasso.

Si dice che quando una persona muore, la sua vita resti in stato di latenza, *ku*, nello stato vitale con il quale è spirata, in attesa che si creino le condizioni per tornare a vivere in altra forma a seconda del karma, e cioè delle cause che ha posto nella vita precedente. La Legge Universale di causa ed effetto è una Legge Mistica e funziona così. I pensieri, le parole e le azioni, positive o negative, influenzano, positivamente o negativamente, il futuro di questa e delle prossime vite. A pensarci bene è un modo consolatorio di spiegare l'eternità, che lascia viva la speranza cercando di dare un senso alla vita stessa. Così ho deciso che avrei pregato per lui, nella cerimonia di Gongyo, suonando la campana nella preghiera per i defunti, ogni mattina e ogni sera, per il resto della vita.

Non volevo conservare sue foto, suoi libri o altro, perché preferivo mantenere un ricordo dinamico del nostro percorso comune, cercando Piero nelle sensazioni di ogni giorno, aggrappandomi alle luminosità dell'anima che avevamo acceso insieme.

Avevo fatto un sogno, la notte precedente la notizia. Avevo sognato suo padre mentre staccava alcuni oggetti da una sua scultura patchwork decisamente pop: una tavola di legno su cui Piero aveva incollato cose prese dal suo laboratorio di pellami accostate ad altre di uso comune, alcune delle quali mi riguardavano personalmente. C'erano dei regali che gli avevo restituito dopo la separazione, pezzi di uno sfigmomanometro che i ladri avevano rotto a casa dei miei, la fibbia di una vecchia borsetta di mia madre, una penna stilografica d'argento di Cartier che avevamo trovato insieme per strada. Andando a salutare la famiglia trasalii nel vedere il papà staccare sul serio dalla scultura del figlio alcuni oggetti che riteneva riutilizzabili.

Mi succedeva sempre più spesso, da quando avevo abbracciato il buddismo, di imbattermi in curiose sincronie o sogni premonitori.

Gli chiesi di regalarmi la composizione come ricordo di suo figlio. Non potevo sopportare l'idea che non fosse stato compreso nella sua genialità creativa. L'opera porta con sé la storia personale dell'artista, emozioni momentanee che si fissano nella materia e continuano a parlare anche quando lui non c'è più. Per questo non volevo conservare oggetti che cristallizzassero il mio ricordo di lui, ma in quel caso feci un'eccezione.

Confesso che vissi, in quel frangente, un fastidioso sentimento di frustrazione verso la pratica buddista, un retrogusto amaro di sconfitta. Avevo iniziato questo percorso nel tentativo, forse ingenuo, di salvare la vita di Piero, e non c'ero riuscito.

Avevo fallito pure nell'altro scopo che mi ero prefissato, cioè quello di ricevere un Gohonzon, anche se questo avvenne per ragioni indipendenti dalla mia volontà. Era infatti in corso, in quegli anni, uno scisma tra l'associazione laica Soka Gakkai e il clero della scuola Nichiren Shoshu, in sostegno della quale la prima era nata. Credo che si sia trattato, come avviene in tutte le religioni, di una crisi di *crescentia*, come secondo gli antichi romani nelle febbri di natura sospetta dell'età puberale, un'inquietudine alimentata, immagino, da invidie e interessi economici.

Fatto sta che ho praticato il buddismo per quattro anni e mezzo senza poter ricevere un Gohonzon: un lungo allenamento, del quale adesso sono molto grato. Allora però, ancora in preda delle mie insicurezze, mi ero convinto che la cosa dipendesse da me, che non fossi stato io capace di riceverlo, e che in qualche modo la cosa avesse pure influito sulla morte di Piero. Non ero riuscito a salvarlo. Solo col passare degli anni ho compreso che, da comune mortale, posso avere una forte influenza sul mio karma, sul mio destino, vivendo in maniera sana e responsabile, ma posso fare poco per il karma immutabile di qualcun altro, se lui non decide di prendere in mano il proprio futuro.

In fondo, tutte le religioni cercano di dare una risposta al problema fondamentale, ma nessuna di loro può fornire certezze. La teoria buddista sulla morte, se interiorizzata, è estremamente consolante. In genere si cerca di non affrontare la questione, per paura, superficialità o forse perché la morte, tanto, è inevitabile.

«Prima o poi» come diceva in friulano nonno Amato sghignazzando «tutti finiremo a mangiare il radicchio da sotto, dalla radice.»

Dopo un paio di mesi dalla morte di Piero, però, recitando davanti al muro, durante un Gongyo mattutino, provai forte la sensazione di trovarmi a pregare di fronte a una tomba vuota. E avvertii una grandissima e inattesa gioia. La cosa poi mi spaventò, il lutto era troppo recente, e, pensando di essere impazzito, sentii il bisogno di telefonare immediatamente a Betta.

Lei ammutolì al telefono: la comune amica Paola, mia sorellina di fede, colei che ci aveva fatto conoscere e che come me aveva iniziato a praticare sul serio un anno dopo la prima riunione, proprio quella mattina l'aveva chiamata per dirle la stessa cosa. La mia telefonata confermava la sua esperienza mistica.

«Va tutto bene» disse Betta, «sicuramente Piero si è già reincarnato in una bella bambina con gli occhi azzurri.»

"Magari è stato un momento di suggestione o una coincidenza" mi dissi allora. Quel giorno, però, la malinconia scomparve dai miei ricordi, e non sentii più la morte come un problema. Da allora, Piero mi è sempre tornato in mente nelle luminosità, nei riflessi del sole sul mare, nelle albe e nei tramonti. Quando penso a lui, sento solo gratitudine. Lo ringrazio per avermi permesso di stargli accanto, per il tratto di percorso che abbiamo compiuto insieme, per avermi insegnato che la morte, anche la mia stessa morte, può non essere una tragedia. Ogni volta che ripenso a Piero sento tranquillità, protezione e affetto.

Auguro ai tanti detrattori delle unioni gay, che si sono battuti con convinzione assoluta – e ancora continuano a farlo – contro il matrimonio egualitario, di sperimentare in questa vita, come è capitato a noi, la stessa sacralità all'interno delle loro unioni e delle loro separazioni.

Sono andato sulla tomba di Piero – a Montemesola, il suo paesino nel tarantino – soltanto una volta, ventidue anni dopo, nel 2013, insieme a Fabrizio Morgan, il mio attuale compagno. Seguendo al cellulare le indicazioni di un amico, non sono però riuscito a trovarla. Nel punto indicato c'era un loculo vuoto. Così ho deciso di fare un Gongyo cerimoniale nel centro del cimitero, sotto il sole accecante del primo pomeriggio, al riparo di un enorme cipresso, insieme a un coro di cicale impazzite.

"Devi essere qui da qualche parte, lo so che sei qui" pensavo emozionato. Alla fine, mentre Morgan ispezionava il cimitero palmo a palmo, lapide dopo lapide, come preso da un raptus mi sono infilato in una cripta della Misericordia che prima non avevo notato. E così, per istinto, ti ho trovato lì, in alto, col tuo farfallino dandy: ti avevano appena traslato. Ciao, piccolo.

Ancora una volta dovevo ricominciare. Fu allora che Enrico Vaime ci segnalò, me e Marco, a Radiorai, che cercava giovani con i quali realizzare dei numeri zero di nuovi programmi. È curiosa la vita: avevo studiato per quindici anni il linguaggio del corpo dell'attore in scena e ora mi trovavo a occuparmi di radio, dove si usa solo la voce.

Enrico ci presentò a un capostruttura di Rai Radio1, Dino De Palma. Quest'uomo anziano, seduto dietro la scrivania, era un vero amante della radiofonia e dev'essere stato per lui un grande dolore essere tracheotomizzato e privato della voce. Aveva qualcosa di fumettistico, il viso pieno di rotondità e due occhi attenti e furbetti. Ci chiese di presentargli un copione di cosa ci sarebbe piaciuto fare alla radio.

Io e Marco lavorammo un paio di settimane per mettere insieme un'ora di sketch surreali ispirati all'attualità. Quando glieli portammo lui lesse il copione davanti a noi, senza espressione, senza mai neanche accennare a un sorriso e alla fine della lettura lo gettò quasi con disprezzo davanti a sé sulla scrivania, dicendo: «Non fate ridere. Queste cose sono troppo difficili, il pubblico non le capirebbe. Perché non fate piuttosto le parodie delle canzoni? Avete presente quando un turista arriva dall'aeroporto alla Stazione Termini e vede Roma tutta *zozza*? Fate la parodia di *Arrivederci Roma*», per poi mettersi a cantare mentre noi lo fissavamo allibiti. La stessa scena si ripeté più e più volte e noi ogni volta dovemmo sostenere questo esame.

Comunque alle fine ci diede fiducia e ci propose di registrare un varietà giornaliero alternandoci settimanalmente con un altro gruppo di lavoro composto da un trio femminile. Trovammo come titolo "Effetti collaterali". Lo conduceva Marco, che ha sempre avuto capacità da vero fuoriclasse dell'intrattenimento. Io restavo dietro le quinte, in regia, a controllare i tempi, la resa e i ritmi.

Fu ancora il signor De Palma che dopo aver ascoltato il numero zero ci propose la conduzione in coppia.

«No, ho troppa paura» risposi io.

Non volle sentire ragioni: «Dose, una volta che comincerai a parlare Marco ti dovrà sparare per farti stare zitto».

Mitico O-Dino De Palma!

Sfidarmi nel lavoro fu la mia terapia per affrontare quel momento di stallo esistenziale. Presi in mano, ancora una volta, la mia vita. Mi era già capitato, viaggiando col teatro, cambiando compagnia, amicizie, città, di venire colto dalla nostalgia per quello che lasciavo alle spalle, una sorta di malinconia caramellosa. Avevo la stessa sensazione che si ha camminando sulla riva del mare a piedi scalzi, per ore. Quando cresce la marea, l'onda ti incalza e ti devi spostare, devi salutare tutti e andare avanti, da solo.

7

Ho sempre subito una certa fascinazione verso l'aspetto mistico dell'esistenza, o meglio, mi era capitato molte volte, già nell'infanzia, di rimanere colpito da strane coincidenze del quotidiano, da certe evidenti anomalie, da alcuni fenomeni curiosi e decisamente inspiegabili.

I racconti delle anziane della mia famiglia, nel Nordest contadino legato alla terra e agli antenati, erano pieni di accadimenti magici e guarigioni prodigiose. Alcune zie si sfidavano in lunghe maratone di preghiera, novene dedicate a scopi precisi, e mostravano una familiarità con il mondo dello spirito che evidentemente le aveva aiutate a sopportare vite e tempi faticosi, come il passaggio di due guerre mondiali, un'influenza spagnola, carestie, incidenti e lutti.

Ero stato nutrito dai miei genitori con esempi di fede assidua, e trovavo del tutto naturale che si pregasse con fervore per qualcosa o per qualcuno.

Crescendo, questo esercizio era diventato formale e si esercitava solo durante le messe, prima o dopo i pasti come fosse un medicinale, o la sera quando si andava a dormire. Per i maschi friulani, in genere è più congeniale lo spirito in bottiglia, con o senza etichetta. In Friuli, si sa, vino e divino hanno la stessa popolarità.

Mio padre, pur non disdegnando le meraviglie del Collio, rappresentava un'eccezione. Era cresciuto in un seminario di padri verbiti ma invece di prendere i voti si era sposato. La famiglia di mia madre aveva prodotto un bisnonno guaritore, un nunzio apostolico e due suore di clausura, di cui una, per un bizzarro gioco delle parentele, era cugina di entrambi i genitori.

Solo adesso, a distanza di anni, comincio a riconoscere una probabile predisposizione genetica a relazionarmi col mistero. In fondo l'azione di fede che stavo sperimentando allora era la stessa che mi era stata insegnata da bambino.

Avevo solo sostituito l'oggetto di devozione. Prima mi rivolgevo all'esterno, sperando nell'aiuto della cavalleria di Cristo, santi e Madonne, ora mi motivavo interiormente, allenandomi a diventare io stesso la cavalleria.

È ragionevole pensare che si possano avere degli effetti diversi a seconda che tu abbia fede nel denaro, in una squadra di calcio, nella Jihad o in un'ideologia politica. Come per tutte le cose, mi sono fatto l'idea che uno dei fattori determinanti per rendere una fede efficace sia prima di tutto la coerenza di chi la professa. Le vicende di Tangentopoli, come i ciclici scandali di Oltretevere, hanno dimostrato alla nostra generazione come un insegnamento religioso possa essere irrimediabilmente ridicolizzato dall'esempio dei suoi rappresentanti illustri, religiosi o laici che siano. È attraverso la coscienza che si dovrebbe valutare il peso delle proprie azioni, ma troppi paladini del sacro hanno dimostrato di averla smarrita in fondo al cassetto dei calzini. Ed è comico, se non fosse che invece ha effetti tragici, che chi alza il dito per giudicare i comportamenti altrui ha magari usato lo stesso dito per togliere ad anziani, malati e bambini.

Al tempo ero profondamente deluso dalla religione come istituzione, e mi ero fatto l'idea che la fede dovesse restare una questione intima, interiore e spirituale. Mi sembrava più ragionevole considerarmi un illuminista. Ciononostante ero sempre molto stranito e incuriosito quando mi capitava di notare qualcosa di soprannaturale cui non riuscivo a dare spiegazione.

Faccio un esempio. Se sogno un incidente aereo e facendo colazione ascolto alla radio che è effettivamente accaduto, posso interpretare la cosa col fatto che, con ogni probabilità, l'edizione precedente del notiziario aveva dato il primo rapido annuncio della tragedia e che la mia mente, poco sotto il livello della coscienza, aveva generato, mentre dormivo, l'immagine del sogno.

Molto diverso un episodio che mi è accaduto, quando, a seguito di una discussione sulla reincarnazione e una mia presunta vita precedente nella Venezia dei Dogi, cosa che mi vedeva decisamente scettico, mi venne consigliato di leggere il libro di un fisico quantistico che avrei trovato solo in una particolare libreria esoterica di Parigi. Andato in Francia con Piero, avevo verificato che nella libreria La Table d'Émeraude il libro era esaurito e irreperibile. Dimenticandomi della cosa e passeggiando qualche giorno dopo nel Centre Pompidou, mi successe però di inciampare addosso allo scaffale della biblioteca e di vedermi cadere in testa proprio *quel* libro, *Le monde éternel des éones* di Jean-Émile Charon, in cui si sostiene che è la materia stessa a veicolare lo spirito.

Oppure vi sarà capitato, entrando in un luogo per la prima volta, di percepire come la sensazione di una presenza, o forse di un'energia rimasta a memoria di un avvenimento lì accaduto, per esempio una morte, e di tacere per il timore di essere presi per pazzi. Ma a volte capita anche che chi vi sta accanto vi sorprenda chiedendovi: «Ah, lo senti pure tu?».

Ecco, questa, diciamo, *sensibilità*, che mi aveva sempre accompagnato e che non avevo mai desiderato approfondire, si era parecchio eccitata dopo quei mesi di pratica intensa. Già ne avevo avuto degli assaggi, ma pensavo che dipendesse dall'energia, o meglio, dalla struttura emotiva, femminile della famiglia, che in qualche modo, essendo io gay, mi risuonava dentro.

Mi capitava spesso anche di pensare di passare a trovare una determinata persona e poi di incontrarla per caso per strada. Oppure di attraversare un momento di scoraggiamento e ricevere la telefonata di un compagno più anziano nella fede che mi chiedeva a colpo sicuro:

«Su, racconta, cosa è successo?»

Non che fossi ossessionato da queste *sincronicità*, come amava definirle Jung, ma non potevo neanche fare a meno di notarle quando si manifestavano. Dopo aver scartato tutte le ipotesi, dall'autosuggestione all'allucinazione, mi consolavo col fatto che illustri filosofi, da Platone a Plotino, ne avevano fatto un campo d'indagine. Innumerevoli erano anche i déjà vu, ma erano talmente frequenti che ormai non davo neanche più tanta importanza alla cosa. È così che cominciai a considerare una cosa normale anche sognare di essere circondato da monaci rasati e cantilenanti che mi sorridevano per darmi il benvenuto e incoraggiarmi sussurrando amichevolmente:

"Finalmente sei arrivato."

Avevo notato, inoltre, che i fenomeni più curiosi, come l'essere testimone di diversi piccoli incidenti automobilistici nel corso della stessa serata, o il veder cadere oggetti mentre si parlava di energie particolari o di lutti recenti, o predire una scossa di terremoto con qualche istante di anticipo, avvenivano sempre quando mi trovavo in situazioni emotivamente impegnative. Mi ero perciò convinto che l'evento *strano* dipendesse in qualche modo da me, magari seguendo una catena di causalità non compresa fino in fondo dalla ragione, e che quindi al suo manifestarsi io interpretavo come "magico", proprio perché non ero in grado di darne spiegazione.

Che fossi sensibile lo avevo capito da solo, ma non sapevo come utilizzare questa mia caratteristica in maniera positiva. In genere la subivo come una fragilità, ed essendo interiormente "vibratile", in altre parole un coniglio, un inguaribile cagasotto, andavo nel pallone per ogni piccolo, grande stress.

Mi capitava spesso nei dormiveglia, ma anche durante il giorno, a occhi aperti, che la mente partisse a mulinello, come nei frattali geometrici del desktop del computer, e si ingolfasse di fronte a decisioni improrogabili di grossa portata: prendere decisioni, per un insicuro, è la cosa più difficile che ci sia. Prima di un colloquio importante mi immaginavo cosa avrei detto e come avrei replicato a specifiche domande. Tutto questo inutile pensare mi rendeva ancora più lunatico e, visto da fuori, sicuramente eccentrico, se non addirittura un po' matto.

La pratica buddista era entrata nella mia vita così, come una medicina del quotidiano cui ricorrere alla bisogna per qualsiasi problematica. La utilizzavo per contenere un attacco di allergia, in attesa che facesse effetto l'antistaminico, oppure aumentavo il ritmo del Daimoku per svegliarmi bene la mattina se ero ancora un po' intorpidito, come fosse un caffè doppio. Altre volte, invece, recitavo lentamente per sgombrare i pensieri dall'emotività, che in genere non aiuta a mettere a fuoco i fatti per quello che sono. Così mi rasserenavo trovando le soluzioni più ragionevoli.

Era un po' come avere a disposizione un centro termale dell'anima, dove coccolarmi e dedicarmi a me, scrollarmi di dosso un po' di nevrosi, ricaricare le batterie e ripartire con più energia. Ora non mi accostavo più alla preghiera perché soffrivo o volevo realizzare qualcosa. Lo facevo anche solo per stare meglio con me stesso, con la medesima aspettativa che si ha quando si entra in una vasca da idromassaggio, in un bagno turco o ci si sottopone a un massaggio shiatzu. Recitando ritrovavo rapidamente il contatto con me, diventavo più centrato, rilassato, riposato. Gli effetti migliori, per quanto riguarda il benessere personale, li ottenevo però pregando per problemi altrui. Se avevo avuto tutta quella fortuna sul lavoro e qualche attimo di autentica gioia immotivata, forse era proprio perché mi ero impegnato così tanto nell'alleviare il decorso della malattia di Piero.

Quando si recita con costanza e intensità, cercando di sentirsi parte della Legge Universale, e ci si sforza sinceramente di dedicare il proprio tempo agli amici per incoraggiarli, il volto diventa luminoso, gli occhi lampeggianti, come se ogni cellula del corpo volesse partecipare di quella decisione. Praticavo il buddismo ormai da un paio di anni e iniziavo a riconoscere se una persona stava recitando con passione o stava solo dicendo di farlo.

E quando la preghiera, a forza di ripeterla tutti i giorni, diventava automatica e troppo formale, avevo preso l'abitudine di farla precedere da qualche minuto di studio, per motivarmi, trarne ispirazione e rinnovato entusiasmo.

La pratica buddista della Soka Gakkai funziona infatti come un tavolino che poggia su tre gambe: la fede, la pratica e lo studio. Uno degli elementi della pratica buddista corretta consiste nel fare Gongyo mattina e sera, leggendo i due brani del Sutra e recitando Daimoku quanto basta. Perché abbia un qualche effetto è necessario che tu creda in quello che stai facendo, e cioè nel fatto che quell'essere che vedi riflesso nello specchio – cioè tu – sia un Budda, anche se non sembra altro che un comune mortale, e pure parecchio inguaiato. Recitando in questo modo lo stato vitale si alza, e si comincia a percepire e capire meglio le relazioni tra sé e il mondo.

È possibile all'inizio, smuovendo il quotidiano tramite una forte preghiera, che si manifestino ostacoli, stranezze o, similmente a quanto succede talvolta nell'omeopatia, che i sintomi si acutizzino. Come quando si entra in una vecchia casa di mare dopo tanti mesi e si aprono i rubinetti. È normale che per prima esca dell'acqua rugginosa e sporca. Lasciandola scorrere qualche istante, però, tornerà a essere limpida.

Si tratta probabilmente degli ostacoli del nostro ambiente, che non è abituato a nuove prese di posizione, oppure questo dipende dai demoni della stessa mente, le nostre insicurezze, che ci fanno ripetere sempre i medesimi errori. Per questo è importante lo studio, la terza gamba che sostiene il tavolino della pratica buddista. All'inizio l'apprendimento è prevalentemente teorico, ma col tempo impari che il vero studio è quello che poi metti in atto nella vita quotidiana.

La seconda gamba è la pratica, la recitazione di Nam-

Myoho-Renge-Kyo che fa si guardando il Gohonzon, che è la pergamena lasciata all'Umanità da Nichiren Daishonin per ottenere l'illuminazione in questa epoca, anche definito "Oggetto di culto per l'osservazione della mente", intendendo la *propria* mente. Ripetendo questo esercizio tutti i giorni, ascolti come stai e osservi i meccanismi del tuo pensiero.

Come esseri umani tendiamo a fare sempre le stesse cose in reazione agli stimoli della realtà. Se vogliamo che avvenga un cambiamento sul piano reale, dovremmo pensare e agire in maniera diversa dal passato, prendendo decisioni *da adesso in poi.*

Anche secondo il buddismo, se vuoi sperimentare un vero cambiamento, sei tu a dover cambiare. È il processo che dà il titolo al romanzo *La rivoluzione umana*, in cui Daisaku Ikeda, tramite il suo alter ego Shin'ichi Yamamoto, racconta di una vita spesa a propagare questo insegnamento in tutti i Paesi del mondo e sostiene che:

La rivoluzione umana di un singolo individuo contribuirà al cambiamento nel destino di una nazione e condurrà, infine, a un cambiamento nel destino di tutta l'Umanità.

Se vuoi far emergere la tua buddità dovresti cercare di pensare, parlare e agire come un Budda. Ma come pensa un Budda? Nel sedicesimo capitolo del Sutra del Loto, Shakyamuni esprime il suo grande "voto" usando queste parole:

Questo è il mio pensiero costante: come posso far sì che gli esseri viventi accedano alla Via suprema e ottengano rapidamente il corpo del Budda?

Quindi, volendo imitare il Budda, il pensiero non dovrebbe essere rivolto a me, alle cose che non vanno, al mio piccolo io, ai miei desideri, ma dovrebbe essere costantemente rivolto agli amici, alla famiglia, all'ambiente di lavoro, a tutte le persone con le quali entro in contatto, al mio Paese, insomma a un io più grande del quale faccio parte. È questa la "rivoluzione umana" di cui parla Ikeda, un umanesimo contributivo di cui mi assumo la responsabilità, e decido di abbracciare e realizzare la mia missione, facendo il voto di mettercela tutta.

Se è vero che le sofferenze che sperimentiamo in questa vita dipendono dal karma – pensieri, parole e azioni, che abbiamo accumulato nel passato –, per costruire un futuro migliore dobbiamo pensare cose nuove, dire cose nuove e agire di conseguenza.

Ma cos'è questo karma? Per millenni si è sparsa la voce che ci sia un destino già scritto che le nostre vite hanno il dovere di realizzare. Quante volte abbiamo sentito frasi come "è tutto già scritto", "non si muove foglia che Dio non voglia". Nella Legge di Causa ed Effetto sembra tutto più razionale. Ogni causa che poniamo con pensieri, parole o azioni avrà il suo effetto; se rispondo agli SMS mentre guido in autostrada è probabile che non abbia vita lunga, se non pago le tasse e i contributi della collaboratrice domestica, non posso lamentarmi troppo se i servizi pubblici del mio Paese non funzionano.

Il karma di una famiglia si potrebbe spiegare in parte anche col DNA. Se tra i miei antenati molti hanno avuto la stessa patologia, sarebbe saggio farsi qualche analisi clinica mirata a verificare una probabile predisposizione.

La novità che ho incontrato col buddismo è che quando ti trovi di fronte a un tuo limite, una sofferenza o un problema di qualsiasi genere, invece di accettare con rassegnazione che il fato si compia, puoi agire per costruire un futuro diverso, ponendo cause positive, per riuscire a vedere in futuro cose nuove ed effetti diversi.

Ho solo tentato di migliorarmi e provare a "strappare le erbacce dal giardino" delle mie giornate, per combattere l'indolenza e decidere di fare quel piccolo sforzo in più. Quello che in genere non ti va di affrontare. La risposta dell'ambiente è stata entusiasmante. Provate per qualche giorno a non lamentarvi per le sfighe da cui vi sentite perseguitati. Provate anche a non compiangervi per le ingiustizie di cui vi siete convinti di essere vittime e cercate, piuttosto, di comportarvi da responsabili del futuro: tutti vi tratteranno in maniera diversa.

Detta così potrebbe sembrare un invito a fingere di essere qualcuno che non si è, a recitare una parte. In realtà è tutto molto più semplice. Si tratta solo di accettarsi, rassegnarsi a se stessi e decidere di fare meglio che si può, consapevoli di come la perfezione resti un'utopia, una direzione da perseguire, anche se probabilmente rimarrà sempre irraggiungibile.

Si tratta di rispettare la propria natura cambiando, casomai, alcuni punti di vista, cosa di per sé non facile.

Come esseri umani manifestiamo una certa reticenza a cambiare punto di vista, e questo ha causato nella storia non poche tragedie. Veniamo infatti cresciuti e indottrinati con delle credenze assolute che poi nel tempo si rivelano del tutto relative. Da bambino sapevo con chiarezza che gli indiani d'America, i "pellerossa", come venivano chiamati in maniera razzista, erano dei selvaggi sanguinari e cattivi e che i coloni dentro al fortino delle Giubbe Rosse erano i buoni. Adesso so che non era così, e che quello dei *Native Americans* è stato forse il più grande genocidio della storia.

A scuola ci insegnavano che la civiltà era nata in Egitto e in Mesopotamia tra i settemila e quattromila anni fa. Adesso siamo in grado di dimostrare datazioni più antiche, fino a trentamila anni fa, di civiltà altrettanto evolute, come se ciclicamente ci fossero state epoche di estinzione e ripartenza del genere umano.

Da ragazzo mi sono danneggiato la vista, nelle notti d'inverno, osservando emozionato il cielo con un piccolo telescopio acquistato mettendo da parte per anni le paghette domenicali, e mi ero fatto un'idea del sistema solare e dell'universo così come lo si conosceva quarant'anni fa. Quando nel 1993 sono cominciate a circolare le fotografie, finalmente nitide, del telescopio orbitante Hubble, gli astrofisici hanno avuto a disposizione *altri punti di vista,* ed è cambiata la percezione dello spazio, del tempo e dell'universo. E quando poi, nei decenni successivi, sono arrivate le immagini di galassie così lontane da poter essere la testimonianza dell'origine dell'universo stesso, mi sono reso conto ancora una volta che dovremmo sempre essere pronti a cambiare le nostre convinzioni, se incontriamo qualcosa di più convincente o conveniente. Fosse anche il tifo per la propria squadra di calcio o per il partito politico per il quale abbiamo sempre investito la nostra passione e le nostre convinzioni.

8

Da alcuni anni ero tornato a vivere dai miei. Potevo considerare la cosa un fallimento, ma anche un conforto visto il mio stato confusionale in seguito alla morte di Piero. Era stato nei miei pensieri per mesi e mesi, a qualsiasi ora del giorno e della notte, e il fatto che ora non ci fosse più mi dilatava le giornate a dismisura.

Provai, per sopravvivere, a usare tutto quel tempo a disposizione dedicandolo al lavoro, che per fortuna non mancava, e alle attività buddiste. Cercavo di reagire alla palude mentale della vedovanza costringendomi a uscire la sera per locali, in cerca di qualche corpo da abbracciare. Ero piacevolmente sorpreso dal fatto che qualcuno mi corteggiasse, anche se non ritenevo possibile andare oltre qualche tenerezza e un po' di ginnastica sessuale. Tutto mi riportava a lui, al punto che molto facilmente mi affezionavo, negli altri, a qualche dettaglio che me lo ricordasse, e questa non era una cosa sana. Desideravo così tanto riempire un vuoto, che mi ero trasformato in una specie di macchina da rimorchio, diventando istintivamente quello che voleva la persona che incontravo, senza nemmeno chiedermi cosa piacesse a me.

Ricordo che una volta un ragazzo col quale avevo fatto sesso si era affezionato perdutamente a me. Quando lo rividi, però, io non ricordavo neanche il suo nome, e la cosa mi spaventò. Comprendevo che stavo ponendo delle cause troppo confuse, o comunque non positive, per poter costruire una relazione profonda e appagante. Sentivo il bisogno di parlarne con qualcuno, ma non mi veniva naturale farlo alle riunioni di discussione, tra madri di famiglia e compagni di fede che conoscevo solo di vista. Talvolta basta poco, uno sguardo, una risata alla fine di una barzelletta con la parola "frocio", e il dialogo era chiuso in partenza.

Una notte in un parco della capitale in cui si faceva cruising incontrai un amico gay, ballerino americano, anche lui buddista, che era uscito a portare a spasso il cane.

«Che ci fai qui? Non mi dire che porti Luna a fare i suoi bisogni a Monte Caprino dalla Cristoforo Colombo...»

Lui sorrise alla mia domanda, evidentemente maliziosa, e quando lo incalzai chiedendogli il suo punto di vista buddista sulla questione, se cioè se fosse un bene o un male fare sesso con leggerezza, lui mi rispose con sagace compassione:

«Se è una cosa bella o una cosa brutta lo saprai soltanto dopo.»

Lo adorai per quella risposta.

Qualche settimana più tardi partecipai al mio secondo corso buddista. Si svolgeva ad Arcinazzo, vicino Roma, ed era un corso locale di tre giorni, in un hotel nei pressi di un bosco, destinato a poche centinaia di persone. Ancora un'occasione per recitare tanto Daimoku e approfondire la fede.

È tradizione, l'ultima serata dei corsi buddisti, organizzare uno spettacolo in cui le persone si mettono al servizio della collettività offrendo qualcosa che sanno fare o sfidandosi in qualcosa di nuovo. Con alcuni giovani incontrati lì si decise di mettere in scena una parodia dello Zecchino d'Oro, con tanto di cantanti, Piccolo Coro dell'Antoniano, e la mitica direttrice Mariele Ventre. Ci ritrovammo io e Marit, un'attrice tedesca, a cantare come due piccoli Hänsel e Gretel sotto la direzione di Nicole De Leo, un attore tanto bravo quanto gay, e con uno sgangherato coretto che si alzava e abbassava seguendo i suoi comandi. Nel coro c'era pure Antonio, un amico dei tempi di Piero, che nel frattempo aveva iniziato a praticare. Fu così esilarante provare questo sketch improvvisato che fummo richiamati dallo staff organizzativo per schiamazzi. Sul palco tutto funzionò bene, e alla fine dell'esibizione ci fu chiaro che, a parte Nadia, Marit e Paolo, allora suo fidanzato, eravamo tutti gay. Paolo era molto geloso, ma davvero non ne aveva nessun motivo.

Fu così che nacque l'idea, una volta tornati a Roma, di vederci in una casa per recitare Daimoku insieme. Come sede venne proposta la casa di Shirley, una danzatrice inglese gay-friendly, e il fatto che il suo salone fosse pieno di persone ci convinse che c'era necessità di questo tipo di occasioni.

Fu di nuovo Irene, una mattina, al bar, dove ero andato a consegnarle delle riviste buddiste, a stanarmi dai miei non detti, e a chiedere precisazioni su questo "amico" che se n'era andato e per il quale avevo recitato così tanto.

Finalmente mi aprii.

«Questa faccenda di essere gay voglio affrontarla con la fede» le dissi, «voglio capirla davanti al Gohonzon, sicuramente è una questione che mi riguarda. Ho preso atto in ritardo di avere questa natura, ho vissuto nascosto per anni. Poi ho incontrato l'amore e l'ho perso per ragioni indipendenti da me. Questo è successo. Bene, se il Gohonzon funziona per qualsiasi cosa come dicono, io voglio pregare per cambiare questo karma. Voglio diventare un gay felice.»

«È bellissimo quello che dici, perché non ne parliamo con qualcuno della nostra zona con più esperienza?» mi incoraggiò insistendo Irene dal bancone del bar. «Chiediamo consiglio su come fare.»

Irene ne parlò a Emma, una supermamma dal grande cuore, punto di riferimento per le donne della zona, la stessa che mi aveva accompagnato per la prima volta a fare Gongyo a casa di Ivana, e lei ci portò a casa di Amalia Miglionico, una delle prime praticanti in Italia, che all'interno del movimento buddista veniva chiamata amichevolmente Dadina. Oltre a me e Lucia vennero Irene e Nicole, che nella nostra performance ad Arcinazzo aveva interpretato magistralmente Mariele Ventre.

Dadina era un medico, una donna schietta, diretta. Portava su di sé i segni di un'antica poliomielite che l'aveva costretta all'uso di una scarpa ortopedica e delle stampelle per camminare. L'handicap non la limitava in nulla, però, ed era considerata da tutti un punto di riferimento nella fede. Aveva studiato il giapponese per poter tradurre i Gosho, le lettere di incoraggiamento di Nichiren Daishonin ai suoi discepoli, cogliendone così tutte le sfumature. Apparentemente cinica, a giudicare dal suo modo di esprimersi, era tagliente nello sguardo e nel linguaggio, ma anche dotata di un sarcasmo fuori dal comune che la rendeva divertente. Aveva quella capacità rara di guardare dentro le persone, una dote che era sì un talento naturale ma anche probabilmente il frutto di tanti anni di esperienza nell'incoraggiare gli altri. Viveva in un appartamento privo di fronzoli all'Esquilino, dietro piazza Vittorio, e quando entrammo ci offrì un caffè fatto con la moka, su un fornello a gas.

Ci fece parlare, ci ascoltò, ci chiese perché volevamo vederci fra di noi. Irene raccontò che già qualche mese prima, in un'altra zona di Roma, un gruppo di donne si era riunito per recitare, ma la cosa si era fermata lì. Ci disse che se qualcuno non voleva rivelare di essere gay era meglio avere pazienza, perché nell'affrontare il coming out si sarebbe potuta manifestare della sofferenza. Lo scopo del buddismo è trovare una soluzione al dolore, non causarlo. Alla fine dell'incontro, ci salutò incoraggiandoci:

«Io non ho capito perché volete fare questa cosa, ma ho fiducia e vi sostengo.»

E si raccomandò soprattutto di una cosa: «Basate tutto sul Daimoku. Affidatevi al Gohonzon».

Iniziò così quello che in seguito si sarebbe chiamato Gruppo Buddista Arcobalena. Ci vedevamo ogni sabato pomeriggio al Quarto Miglio a Roma Sud, a casa di Anna e Maria Teresa, una fragrante coppia lesbica, e recitavamo due ore di Daimoku.

C'erano pochi maschi a quegli incontri. All'inizio, questo mondo di lesbiche provenienti dal femminismo separatista, che neanche sapevo cosa fosse, mi stressava, e non poco, ma ero sicuro che recitando insieme avremmo costruito una gioiosa armonia. Ci demmo lo slogan "Omosessuali per Kosen Rufu", che può essere tradotto con "pace nel mondo", e organizzammo una riunione al Centro culturale di via Pietro Cartoni, appendendo un piccolo cartello per lanciare l'appuntamento.

Un altro slogan che ci eravamo dati, visto che nel gruppo erano tante le persone single, era "costruire legami di valore per Kosen Rufu", cioè rapporti di coppia utili alla società e alla nostra epoca.

Stabilire uno scopo di gruppo è decidere di remare tutti nella stessa direzione. Purtroppo una cosa è darsi un obiettivo e iniziare a pregare per la sua realizzazione, e tutt'altra è realizzarlo.

Girava voce, tra le donne della mia zona, che per realizzarsi sentimentalmente ci volessero almeno sette anni di pratica. In effetti, può servire un sacco di tempo per capire chi siamo, cosa cerchiamo, cosa pensano gli altri di noi, cosa crediamo pensino gli altri di noi. In più c'è il sesso, con le sue forti emozioni, le sue confusioni. Insomma, tanta roba da sistemare.

Quello che succedeva a me era che attiravo i personaggi più strambi. Era come se mi fossi mangiato una calamita per i casi umani. Certo, in quei tempi a Roma non è che ci fossero tante occasioni d'incontro, ed era assai improbabile che, girando per un locale o per un parco di notte, mi imbattessi per caso nell'uomo della mia vita.

D'altronde non potevo neanche restare a casa nella speranza che, a seguito delle mie preghiere, mi citofonasse il Principe Azzurro.

Alcune esperienze furono davvero sorprendenti, come il venire corteggiato da un ex testimone di Geova con manie suicide, oppure da un poliziotto nevrotico e violento con la tendenza allo stalking, ma anche da un padre di famiglia in libera uscita e in vena di divertimento intimo.

Incredibile che ci siano, ancora oggi, tanti gay che si sposano in matrimoni eterosessuali! Credevo che fosse un'usanza codarda del secolo scorso. Non sto parlando di bisessuali, ma di veri e propri gay che vivono di nascosto da moglie, figli e amici la propria identità. Nel mese di agosto, mandata la famiglia in vacanza, la città ne è piena. Ne riconosci la trasandatezza di chi non è capace di badare a se stesso, l'odore di rosticceria sotto casa che emanano. Con la scusa di rimanere in città per bagnare le piante, o badare al cane, vivono qualche settimana di libertà dal matrimonio. Ma come fanno le mogli a non rendersene conto? E soprattutto: sono felici?

A me, comunque, non interessava una relazione vissuta in clandestinità, da amante, senza poter avere un numero di telefono, senza potersi dichiarare pubblicamente: mi sembrava una cosa senza dignità. L'aspetto più bello della relazione con Piero era proprio l'essere stato un rapporto tra pari. Restava da capire perché attirassi determinate tipologie di persone disposte a relazionarsi con me. Studiando, ho compreso che calamitiamo le persone sulla base del nostro karma e dello stato vitale del momento. Se uno si pone come vittima è assai probabile che si trovi attorno una grande quantità di carnefici, se uno è troppo generoso rischia di circondarsi di approfittatori.

"Che cosa ho combinato in questa vita o nelle vite passate" mi chiedevo "per attirare tutti questi potenziali psicopatici?"

Qualche volta, seguendo il consiglio che Dadina aveva dato a un giovane sardo preoccupato dalla promiscuità, provai a recitare prima di uscire a caccia di affetto, per avere almeno protezione dalla preghiera. In quei casi era quasi matematico incontrare altri buddisti, e la serata prendeva una piega diversa, meno ambiziosa ma più sana e amicale.

"Prima o poi riuscirò anche io a costruire una famiglia di valore" mi ripetevo, anche se in fondo al cuore si era maturata la convinzione che l'amore provato per Piero sarebbe rimasto senza eguali.

In quel periodo della mia vita, comunque, tutto andava

bene. Malgrado quella convinzione, ero quasi sorpreso da come stavo riuscendo velocemente a elaborare il lutto per la morte di Piero. Mi stavo facendo tanti nuovi amici, un lavoro seguiva l'altro, il che, pagati i debiti di tanti mesi di disoccupazione, mi stava dando la possibilità di rendermi indipendente.

All'inizio della pratica ti viene proposto di prefiggerti degli scopi precisi, recitare e compiere le azioni per realizzarli. Avevo preso l'abitudine, ogni Capodanno, di scrivere su un foglio di carta le cose che avrei voluto realizzare nell'anno a venire e per le quali stavo pregando.

L'anno precedente avevo deciso di sfidarmi nella fede ponendomi tre scopi che ritenevo impossibili: possedere una macchina nuova, o almeno senza un cacciavite a tenere fermo il finestrino, avere un po' di soldi da parte e andare a vivere da solo.

Quel 31 dicembre, dopo aver ricevuto le chiavi della nuova casa, rilessi il foglietto scritto un anno prima e mi resi conto che avevo vinto, avevo realizzato quasi tutti i miei scopi. Molti considerano disdicevole pregare per qualcosa di materiale. Grazie a questo avevo imparato però una cosa importante, e cioè che il raggiungimento di un obiettivo può essere lo stimolo ad alzare sempre di più l'asticella della sfida nella fede e a mettersi alla prova per concretizzare desideri via via più ambiziosi.

Stavo dimostrando a me stesso che nel campo della fede non esistono limiti a quello che puoi desiderare, se pensi che ciò possa creare un nuovo valore.

9

Nuova casa, nuova vita. Mi trasferii da Cinecittà al Nuovo Salario, all'altro lato della capitale, in un quartiere popolare della periferia est. Si trattava di un appartamento modesto, due camere e cucina, che per me rappresentavano però la ritrovata libertà.

Cambiando casa, avevo cambiato anche zona di riferimento buddista, con tante nuove persone da conoscere.

In quei mesi attuai la strategia della pizza: invitavo in pizzeria le persone che volevo conoscere, prima di tutto i giovani e le giovani Budda del quartiere.

Nel frattempo ero anche diventato membro dell'ente morale Associazione Italiana Nichiren Shoshu, che dopo lo scisma aveva cambiato nome in Associazione Italiana Soka Gakkai e poi in Istituto Buddista Italiano Soka Gakkai. Purtroppo allora, sebbene lo desiderassi profondamente, ancora non potevo ricevere un Gohonzon a causa, come ho detto, della scissione della Soka Gakkai dal clero della scuola Nichiren Shoshu. Per quasi cinque anni, infatti, in Italia non fu possibile ricevere questo oggetto di culto. Avere aderito all'AINS, diventare un membro senza Gohonzon, fu all'epoca un gesto di fiducia nei confronti di chi mi aveva proposto la pratica e mi stava sostenendo e incoraggiando. Lo scisma era dovuto a questioni dottrinali alquanto difficili da comprendere qui in Italia, e molti anziani nella fede erano piuttosto scossi dai cambiamenti. Intanto era importante, per me, osservare e ascoltare con attenzione i buddisti italiani che avevo intorno, perché erano loro il mio punto di riferimento. E comunque notavo che, anche recitando Daimoku senza Gohonzon, lo stato vitale si alzava e mi veniva naturale condividere con altri la gioia di praticare insieme.

Ma cos'è questa Soka Gakkai di cui ero entrato a far parte?

A fondare questo movimento laico fu, nel 1930, l'educatore, scrittore e filosofo giapponese Tsunesaburo Makiguchi che, incontrato il buddismo di Nichiren Daishonin, decise insieme al suo allievo Josei Toda, anche lui insegnante, di fondare la Soka Kyoiku Gakkai, la Società educativa per la creazione di valore. Il chiodo fisso di Makiguchi, una sorta di Montessori del Sol Levante, in un Giappone che si preoccupava di formare cittadini ubbidienti, era invece quella di educare gli individui alla felicità aiutandoli a sviluppare l'infinito potenziale personale latente e motivandoli a metterlo a disposizione degli altri. Daisaku Ikeda, a sua volta allievo di Toda, ha realizzato il sogno dei suoi maestri dedicando tutta la sua vita alla propagazione di questi principi.

Trovai subito lodevole questo intento pedagogico. Io vengo da una famiglia di insegnanti: mio padre ha fatto il maestro elementare per quarantacinque anni, mia madre la maestra d'asilo, mia sorella e mia cognata insegnano. Il mio maestro di teatro Eugenio Barba ha dedicato la sua vita alla pedagogia teatrale, "insegnando ai suoi allievi a imparare", come diceva lui stesso, affinché trovassero da soli la strada più adatta alla propria evoluzione artistica.

Siamo tutti diversi, capita di incontrare persone piacevoli e persone sgradevoli. A forza di frequentare persone di ogni genere, impari a comprendere le tue reazioni, e se non ti piacciono puoi sempre cercare di migliorarle. Come si fa a insegnare agli altri a diventare felici? Solo con l'esempio. Solo vivendo con speranza invincibile puoi suscitare speranza negli altri. Come si fa a insegnare a chi vive solo del proprio piccolo ego che occuparsi degli altri porta gioia?

Forse è per questo che nel buddismo è così importante seguire un maestro, qualcuno da prendere come esempio.

Mi lanciai dunque a capofitto come volontario nelle attività buddiste, per allenarmi a vincere sul mio narcisismo, che mi portava ad avere pensieri autoreferenziali ossessivi anche quando non ce ne sarebbe stato bisogno. Avevo cominciato, nel gruppo di Cinecittà, a occuparmi della distribuzione delle riviste di studio, consegnandole casa per casa agli amici del gruppo. Poi, decisi di partecipare a tutte le riunioni possibili, dove ricevetti sempre spunti di riflessione interessanti e incoraggiamenti nella fede. Perché la cosa più bella delle riunioni di discussione è ascoltare le esperienze degli altri. Per questo motivo non me ne perdevo una. Ogni volta che vi partecipo, anche oggi, sebbene a volte possa essere stanco e demotivato, ne esco sempre pieno di speranza ed energia gioiosa. Nel tempo noti infatti come la pratica buddista lavori nella vita dei tuoi amici. Li vedi crescere, e desideri fare altrettanto. Le attività all'interno della Soka Gakkai sono una straordinaria palestra per educarsi alle relazioni umane.

Dopo qualche settimana mi fu proposto di accogliere gli ospiti alle riunioni e dare loro un benvenuto sorridente, il che non è affatto semplice se per caso hai qualche motivo che ti affligge. Tutto si basa sul Daimoku da recitare prima di partecipare al meeting. Con la preghiera puoi decidere che l'incontro sia armonioso, che tutti parlino e che non avvengano incidenti di nessun genere. Lo stesso atteggiamento può essere applicato alla vita; se cerchi di curare ogni dettaglio affinché le persone stiano bene, succederanno cose migliori, diverse dall'affidare tutto al caso o al karma.

Il nuovo Centro culturale di Roma, preso in affitto, era un casale ottocentesco con due sale da riunione, una da cento e l'altra da settecento posti, ricavate in due stalle che sorgevano attorno a un grande prato di margherite.

Io avevo il compito di preparare i cartellini di ingresso al Centro per le persone nuove. Ho passato diverse serate con Silvia, una giovane buddista inconsapevole del suo essere meravigliosa e selvaggia, e con Sergio, un ossuto, simpatico e caustico pioniere del buddismo a Roma, a ritagliare minuziosamente fotografie di buddisti, scriverne a macchina il nome e la città di provenienza, e plastificarle a mano, una per una. Fu emozionante passare in rassegna tutti questi volti di buddisti di ogni età ed estrazione sociale, e mi capitava spesso, anche se non li conoscevo, di recitare per la loro felicità.

Conobbi persone nuove, con le problematiche più diverse. Nella mia zona c'era di tutto, dal giovane che cercava di uscire da una dipendenza all'operaio, dalla madre di famiglia allo studente, dall'attrice al poliziotto. E più gente conosci e frequenti e più ti rendi conto di come questa preghiera lavori nell'animo di ogni singolo. Col tempo diventa sempre più chiaro lo sforzo di rivoluzione umana che devi compiere dentro te stesso per essere più felice e armonizzarti con gli altri.

Se mi guardo indietro e penso all'enorme quantità di relazioni che ho costruito in questi anni, mi sento meno solo e a pieno titolo cittadino del mondo. Come in tutte le comunità, anche in quella buddista capita che si manifestino conflitti, litigi e incomprensioni, ma avendo un maestro comune di riferimento, e un insegnamento così profondo a disposizione, è divertente mettere alla prova i principi buddisti per tentare di costruire unità e armonia, come si fa all'interno di un'orchestra.

Nella propagazione del buddismo è molto importante l'unità del *sangha*, la comunità dei credenti – un concetto che andava evidentemente approfondito, con uno scisma e contese tuttora in corso. Quando qualcuno di noi era in difficoltà facevamo a gara per sostenerlo, con catene di preghiera e visite a casa. Si cercava di coltivare la speranza, affinché ognuno potesse manifestare il suo valore vincendo su qualche sofferenza. Con sincerità cercavamo di costruire una rete di pace nella comunità, la cui trama è intessuta da meravigliosi legami umani, col desiderio che si realizzasse la felicità di ogni singolo.

Nella Soka Gakkai quasi la metà delle persone è responsabile di qualcosa oltre che di se stessa.

Sorrido quando mi capita di trovare su Internet critiche feroci contro il nostro movimento, o di vederci definiti addirittura una pericolosa "setta". Ho avuto la fortuna di sperimentare il cuore, lo stato vitale e il flusso della propagazione di questo insegnamento. Nei giorni delle grandi riunioni si respira un'aria festosa e si vive l'orgoglio di partecipare insieme a questo movimento umanista di gente comune per la gente comune.

Ho sempre trovato, inoltre, il ritmo delle attività buddiste un ottimo strumento per stabilizzare lo stato vitale, per poi riportare quello spirito in tutti gli aspetti della vita, dalla famiglia al lavoro. Dedicarsi agli altri diventa l'architrave che permette di sostenere il peso del quotidiano.

A casa mia, intanto, continuavo a recitare davanti a un mobiletto vuoto, ma era tanto il desiderio di ricevere un Gohonzon che avevo iniziato a visualizzarlo sul legno. E così presi la decisione che quell'anno ne avrei finalmente ricevuto uno anche io.

Fu proprio così che andò. Il presidente onorario della Soka Gakkai internazionale, Daisaku Ikeda, e il dipartimento di studio giapponese decisero di utilizzare una matrice per Gohonzon di Nichikan Shonin, un Patriarca riformatore del diciassettesimo secolo.

Era conservata in un tempio che nello scisma si era reso indipendente dalla Nichiren Shoshu. Ciò significava che, dopo quattro anni e mezzo, si potevano di nuovo consegnare dei Gohonzon in Italia.

Io avevo pronto il mio altare vuoto già da quattro anni, ma la notizia che nel giro di tre giorni avrei ricevuto in affidamento un Gohonzon tutto per me mi fece esplodere di gioia.

La cerimonia di consegna avvenne al Kaikan, al Centro culturale, e fu una delle prime in Italia senza preti della Nichiren Shoshu. Di fatto entravo a fare parte di un movimento laico. Mi era stato detto di portare con me un tubo rigido in cui inserire la pergamena arrotolata. Comprai un portadisegni giallo, lo foderai internamente alle estremità con del cotone e me lo legai al collo con un pezzo della sagola che utilizzavo per legare la boa di segnalazione durante le immersioni subacquee, una delle mie grandi passioni. Non si poteva guardare per quanto era sgraziato, ma in quel momento era il massimo della sicurezza di cui ero capace.

Quella mattina pregai mia madre affinché mi aiutasse a pulire casa. Volevo che per la cerimonia di apertura della pergamena fosse tutto perfetto. Lei, come posseduta da un demone ladino, prese a parlare ininterrottamente in lingua, irritante, come solo le madri talvolta possono essere. Feci appena in tempo a invitare tutti gli amici della nuova zona e a farmi tagliare i capelli per rendermi più presentabile:

«Se qualcuno farà una fotografia non voglio assomigliare a un ananas come al solito.»

Arrivato al Centro culturale in stato confusionale, come succede ogni volta che mi trovo ad affrontare un appuntamento importante, mi concentrai con decisione sulla preghiera. Venni chiamato per nome e Francesco, un responsabile del quale avevo sempre cercato di imitare il Gongyo particolarmente vigoroso e tranquillo, mi affidò, in una busta di carta bianca, un Gohonzon. Poi, alludendo al tubo giallo, mi sorrise dicendo:

«Ammazza! *E che c'hai, 'n'arma?*»

Mi strinse la mano e aggiunse:

«Congratulazioni.»

Tornato al posto, notai che la mente, fino a qualche istante prima confusa da forti emozioni, era all'improvviso tornata calma come un laghetto alpino.

A casa, la cerimonia di apertura del Gohonzon fu un momento esilarante. Trattandosi della mia vita, non poteva essere altrimenti. Anche Betta era molto emozionata e, mentre srotolava la pergamena in piedi davanti a me, serrava fra le labbra una foglia per evitare di alitarci sopra. Non riuscì però ad appendere il Gohonzon al primo tentativo. Al terzo era diventata tutta rossa per l'apnea e l'imbarazzo. Tutti scoppiarono a ridere, me compreso, ma anche questo faceva parte della sacralità di quello che stavamo facendo.

Ricevere un Gohonzon nella vita di un buddista è un evento importante, paragonabile a un matrimonio.

Come ho già detto Nichiren scrive:

Io, Nichiren, ho iscritto la mia vita in inchiostro di sumi, perciò credi profondamente nel Gohonzon.

Ciò significa che ha iscritto in questi caratteri il suo stato vitale illuminato, la sua vita stessa.

Quando, dopo una frugale festicciola, tutti andarono via, rimisi a posto la casa e andai a dormire di un sonno profondo e soddisfatto.

Alla mattina mi attendeva una sorpresa. In genere dormo sempre nella stessa posizione, in un letto molto grande. Quella notte, nel sonno, il mio corpo era ruotato di centottanta gradi e puntavo con la testa in direzione del Gohonzon, nell'altra stanza.

Certo, il mobile era una libreria di metallo traballante, l'armadietto che conteneva il Gohonzon era semplicissimo, di legno non trattato, ma per me era come se avessi finalmente Nichiren Daishonin ospite a casa mia, e potessi confrontarmi con lui ogni volta che ne sentivo il bisogno.

Il lunedì successivo mi arrivarono un paio di offerte di lavoro, che considerai un ennesimo segno di buona fortuna buddista, ma più che altro mi aspettava, in serata, la proiezione per la stampa, nella sede dell'Anica, del film di Maurizio Ponzi *Anche i commercialisti hanno un'anima*, con Enrico Montesano, Renato Pozzetto e Sabrina Ferilli, per il quale avevo collaborato, con Marco, alla stesura della sceneggiatura di Vaime.

Be', fu un grosso choc vedere una scena, riscritta in fase di girato, dove Milena Vukotić, una delle protagoniste, recitava due Nam-Myoho-Renge-Kyo e un merlo indiano commentava:

«Sono tutti fresconi.»

Ma come? Come era possibile che venisse diffuso un film con anche la mia firma in cui si deridevano la pratica buddista e chi la seguiva? Tornai a casa sconvolto, anche perché, in alcune mie letture dei testi, veniva data molta enfasi alle offese alla Legge e alle retribuzioni mistiche di chi le compie.

E questo solo due giorni dopo aver ricevuto il Gohonzon! Che senso aveva tutto ciò?

In tarda serata chiamai Serena, la mia amica attrice torinese, e lei, quella notte stessa, mi mise in contatto con Roberto, un responsabile delle pubbliche relazioni della Soka Gakkai italiana. Volle incontrami di persona. Mi rassicurò consigliandomi di recitare molto perché se questa cosa curiosa era accaduta a me doveva avere qualche relazione con la mia vita. L'avrei compreso col tempo, mi disse. Era evidente che non avevo colpa, ma in futuro sarebbe stato meglio fare più attenzione a quello che firmavo. Venne poi fuori, parlando col regista, che una delle innumerevoli ex mogli di uno degli attori protagonisti aveva praticato e lui l'aveva voluta offendere così. Legalmente avrei potuto addirittura tentare di bloccare l'uscita del film, ma era insensato lanciarmi in una causa contro un produttore potente come Angelo Rizzoli e, saggiamente consigliato da Roberto, lasciai perdere. Roberto mi incoraggiò con forza a basare la mia vita sulla recitazione di Nam-Myoho-Renge-Kyo. «Recita con convinzione per ogni cosa che devi fare. Se basi la tua vita sul Daimoku, si manifestano saggezza, buona fortuna e protezione.»

In quella occasione decisi che avrei cercato di utilizzare la scrittura per far conoscere meglio la Legge.

10

Da qualche settimana avevo dato la mia disponibilità per un'attività riservata ai giovani. Si trattava di curare la gestione, l'accoglienza e la protezione dei visitatori del nuovo Centro culturale di Roma e, se necessario, ogni aspetto delle attività.

Nel corso del tempo avevo maturato un istintivo fastidio verso le divise. Da piccolo trovavo buffi i boy scout ed ero intimorito dai preti, ma anche da medici e poliziotti. Non che avessi qualcosa contro questi professionisti encomiabili ma la loro divisa, segno di ufficialità, stimolava il mio senso di inadeguatezza, il mio non sentirmi quasi mai "a posto". Di fatto, preti, medici e poliziotti possono sempre trovare qualcosa che non va in te o che può essere migliorato: peccati, malattie, reati, in ogni caso una rottura di zebedei.

Stefano e Luca, gli unici altri due giovani uomini della mia nuova zona di attività buddista, mi avevano proposto già da tempo di entrare a far parte, insieme a loro, di questo gruppo di persone selezionate per disponibilità di tempo e pratica regolare, ma io avevo sempre rifiutato, proprio perché bisognava indossare una divisa per essere riconoscibili a colpo d'occhio, come per le hostess in aeroporto. Questi ragazzi dediti all'accoglienza, che in giapponese venivano chiamati *sokahan* – e le loro equivalenti femminili, le *byakuren* – mi sembravano tutti un po' troppo perfettini, così calati nella loro parte di buddisti precisetti. Mi pareva che ci fosse qualcosa di recitato nel loro atteggiamento, e la cosa mi disturbava.

«*Mai* indosserò quella o altre divise» avevo dichiarato in più occasioni, tra me e me e con amici.

Ma cambiai del tutto parere durante i tre giorni del primo corso nazionale della Divisione Artisti presso il Centro culturale europeo della Soka Gakkai internazionale di Trets, nel Sud della Francia. Era il terzo corso buddista a cui partecipavo e avevo bisogno di recitare molto Daimoku perché ero professionalmente a un bivio e volevo chiarire una volta per tutte che direzione prendere nella vita.

Per anni avevo provato a fare l'attore, con enormi sacrifici, e ora la vita, specie da quando avevo incontrato il buddismo, mi proponeva piuttosto lavori come autore. Vivevo questa duplice prospettiva professionale come una forma di sdoppiamento, come se stessi recitando due personaggi diversi in competizione fra loro. Con il cuore camminavo ancora sulle polverose tavole del palcoscenico, ma di fatto mi occupavo di copioni, dialoghi e scalette per show televisivi.

"Che devo fare" mi chiedevo, "continuare ancora a sottopormi a umilianti provini o rinunciare definitivamente al sogno di recitare, affrontando con serenità il nuovo lavoro? E se poi mi resta il rammarico di non averci provato ancora qualche anno?" Il solo pensiero dell'avvenire mi generava confusione.

Quale migliore occasione per utilizzare la preghiera e decidere una volta per tutte la mia strada nella vita?

Nel ventesimo secolo era molto diffusa l'illusione di poter fare lo stesso mestiere tutta la vita. Si chiamava "lavoro fisso", ed era la massima ambizione di chi voleva avere una vita tranquilla, modesta ma serena. Io avevo già deciso che non avrei fatto l'impiegato, ma quello di attore poteva essere considerato un vero lavoro? Ero riuscito a mantenermi per quindici anni, ma ci sarei riuscito ancora in futuro? Tanti amici, alcuni anche bravi e talentuosi, dopo anni di tentativi avevano gettato la spugna e deciso di fare altro.

Avevo avuto la fortuna di essere tra i dieci di Roma scelti per partecipare a quel corso a Trets, e avevo deciso di provare a chiarire definitivamente questo punto durante il corso. Al Gohonzon avevo chiesto o di sostenermi nella buona fortuna, permettendomi di riuscire a fare l'attore in maniera almeno dignitosa, oppure di aiutarmi ad accettare una volta per tutte la nuova attività di scrittura, senza rimpianti e frustrazioni.

Ero partito per Trets con questa preghiera:

"Gohonzon, aiutami a capire la mia strada. Accetterò qualsiasi cosa la vita mi metterà davanti. Se devo rinunciare a fare il mestiere per il quale ho studiato per anni e anni, accetterò la cosa senza ostinarmi ancora. Se invece continuerò a scrivere cercherò di sviluppare il massimo valore di cui sarò capace. Voglio contribuire, come artista, al grande scopo di Kosen Rufu e assumermi la sfida, come essere umano, della costruzione di un mondo più giusto e pacifico attraverso l'arte. Per questo offro tutte le mie abilità, la capacità di resistenza, la fragilità dei miei nervi, le diverse esperienze fatte finora, e anche tutti i miei difetti che mi impegno nel tempo a correggere e a trasformare in qualità."

In verità non è proprio così che funziona la preghiera buddista. Il Gohonzon non aiuta a decidere. Sei tu, e solo tu, che puoi e devi decidere cosa è più giusto per la tua vita. Prendi una decisione, determini un obiettivo, e con quella determinazione nel cuore preghi e agisci fino alla realizzazione dello scopo. Poi osservi cosa si manifesta nella vita reale. Se non ti piace ridetermini e ripeti nell'ordine questi passaggi con ancora maggiore incisività fino alla realizzazione e alla vittoria finale.

La frase di Nichiren "Nessuna preghiera del devoto del Sutra del Loto rimarrà senza risposta" non significa però che per il semplice fatto di pregare vedrai realizzarsi il tuo scopo.

Se vuoi cucinare un buon piatto di spaghetti, prepari una pentola d'acqua, pesi la quantità di pasta necessaria e organizzi un condimento. Puoi pregare giorno e notte, ma se non accendi il fornello sotto la pentola, non aggiungi il sale e non scoli gli spaghetti al giusto punto di cottura, probabilmente morirai di fame o mangerai una pasta disgustosa. Ero molto sincero nel desiderio di mettermi in gioco per qualcosa che avesse un'utilità che andasse oltre la gratificazione del successo personale.

Durante il viaggio in treno e pullman verso la Francia, inoltre, Serena mi aveva proposto di scrivere la mia esperienza di quei primi anni per poterla raccontare al corso. L'aver accettato la sfida aveva reso il viaggio molto doloroso, non mi era affatto facile, emotivamente parlando, ricordare e mettere per iscritto tutto il percorso fatto per assistere Piero nei suoi ultimi mesi.

Arrivai al Centro culturale europeo di Trets completamente devastato dai ricordi. La memoria aveva fatto riaffiorare, come fossero scene di un film, pagine di vita che avevo cercato di rimuovere con la complicità dello scorrere dei mesi. Quanto dolore avevo ancora dentro...

Una ragione in più per sfruttare al massimo la full immersion nei concetti buddisti e nella preghiera di quelle giornate.

Sempre Serena, vedendomi in difficoltà, mi consigliò allora di unirmi al gruppo dei *sokahan* e delle *byakuren*, che pregavano all'alba, prima ancora che i partecipanti si alzassero, per la buona riuscita del corso.

Così misi la sveglia alle cinque del mattino e, con un occhio aperto e uno chiuso, andai a recitare con loro.

Che cuore, che forza, che passione avevano questi giovani! Recitavano un Daimoku veloce, serrato, sicuro, potente, ma anche discreto, a basso volume, per non disturbare gli altri che ancora riposavano.

Tutti combattevano contro il sonno, era evidente, ma i loro corpi guizzavano di energia e determinazione. La situazione mi ricordava quando, anni prima, mi svegliavo prestissimo per il mio training da attore. Stranamente, mi sentivo a casa.

Fu in quella piccola sala, vedendo arrivare i primi bagliori dell'alba, che desiderai fare anche io questa attività.

"Voglio diventare una persona forte per aiutare i miei amici a essere persone più felici e realizzate" pensai.

Non ebbi l'occasione di condividere la mia esperienza in quei giorni, a Trets, ma non ci rimasi male, perché ce n'erano di più concluse, più incoraggianti, con racconti di vita più completi. Poi, l'importante è offrire, non ricevere gratificazione per l'offerta fatta.

In particolare, ricordo ancora con emozione la spiegazione che Carlo, il responsabile nazionale della Divisione Artisti, un musicista determinato che praticava già da parecchi anni, fece del Gosho *Il vero aspetto del Gohonzon*, la lettera di Nichiren Daishonin a una seguace di nome Nichinyo. Era come se ascoltassi quei concetti per la prima volta. Carlo parlava a braccio, senza leggere, con estrema convinzione, e descriveva carattere per carattere i significati dell'oggetto di culto buddista. Mi convinsi che non sono le parole, ma è il cuore con cui vengono pronunciate a ispirare e motivare. Penso che ogni generazione di artisti possa fare molto per la propria epoca.

Ricordo che l'ultima sera a Trets era esplosa una gioia unificante, condivisa, generalizzata. Non era semplice euforia, ma l'effetto dell'incoraggiamento e della preghiera che avevano reso il corso un grande successo. Il bosco, la catena montuosa, la sala del grande Gohonzon, il piazzale con la fontana, la sala mensa, i dormitori, tutto gioiva con noi. Tornammo a Roma rivitalizzati.

Volli subito cominciare la nuova attività di *sokahan* e fui affidato alla squadra della domenica, visto che già lavoravo alla radio con le dirette e non potevo mettere a disposizione altri giorni della settimana. Era una bella sfida far parte della squadra della domenica, giorno in cui si tengono le grandi riunioni e c'è da gestire un traffico di centinaia di persone e automobili.

Fui presentato a Oscar, il mio "caposquadra". Era un ragazzone rasato con grande esperienza che conosceva tutti i segreti del Centro buddista, sapeva dove trovare una chiave, sapeva maneggiare coi contatori, era in grado di rintracciare i recapiti quando servivano e individuare sempre la persona dello staff giusta per qualsivoglia problema.

All'inizio ne avevo un po' soggezione, forse per via dei suoi modi bruschi, ma quando scoprii che aveva origini friulane come me, tutto mi fu più chiaro. Noi friulani siamo semplicemente così.

L'attività si basava sulla preghiera e cominciava la mattina alle otto. Si doveva arrivare già "gonghiati", cioè avendo già letto il Sutra e recitato il titolo per un'ora a casa per la buona riuscita delle attività. Si faceva di tutto ma prevalentemente accoglienza: al citofono, al cancello principale, ai parcheggi, all'ingresso dei luoghi di preghiera.

Ogni due ore, ci alternavamo nelle varie postazioni. C'erano da gestire le riunioni, e poi bisognava spolverare e sistemare l'altare e gli arredi in offerta, come il portaincenso e i portacandela, lucidare la frutta in dono al Gohonzon, o preparare due mazzi di foglie verdi da mettere ai lati del *butsudan*, il mobile che custodisce l'Oggetto di Culto.

L'attività nelle sale di riunione era particolarmente delicata, perché oltre a gestire microfoni, luci, riscaldamento e apparecchiature video, bisognava imparare a essere discreti per non interrompere la concentrazione dei presenti. Non era semplice per me, che avevo fatto l'attore per anni, cercare di diventare invisibile per non disturbare, ma allo stesso tempo restare attento a ogni possibile necessità, con la responsabilità di arrivare a fare sempre la cosa giusta al momento giusto, nei tempi giusti: una bella sfida per un lungagnone imbranato come me.

Nel mio turno di prova, tanto per fare un esempio, debuttai incespicando nella sala di preghiera versando in terra un po' dell'acqua che ogni mattina viene data in offerta al Gohonzon a simboleggiare la fede che va rinnovata ogni giorno. Una donna che stava pregando mi bisbigliò seria:

«Hai versato la fede dei membri.»

Mi sarei voluto seppellire pensando: "Gli avrò pure versato la fede ma mica gli ho menato".

La volta dopo ho trasportato il contenitore dell'acqua come fosse l'ampolla col sangue di san Gennaro.

Dopo un paio di affiancamenti feci finalmente il mio primo turno in autonomia: si trattava di una cerimonia di consegna di molti Gohonzon. Per la prima volta guardai negli occhi le persone mentre pregavano. Quella sincerità mi ha dato per lungo tempo la motivazione per cercare di fare sempre meglio.

"Se questa pratica fa stare le persone così, va sostenuta e fatta conoscere. Se è questo che devo proteggere, cercherò di farlo meglio che posso" pensai trasognato tornando a casa.

Il secondo turno, la domenica successiva, fu molto meno poetico, quasi ad ammonirmi che la battaglia interiore tra illuminazione e oscurità va combattuta attimo per attimo e in questa lotta intestina è naturale che il karma talvolta si manifesti in tutta la sua sgradevolezza: si era intasato infatti il pozzo nero a ridosso della reception.

Si dice che praticando bene il karma si manifesti con chiarezza, in modo che tu lo possa osservare e quindi cambiare. Di fronte a quella manifestazione era inevitabile chiedersi:

"Ma che cavolo ho combinato nelle vite passate? Devo avere fatto qualcosa di molto grave per meritare tutta questa merdosa, maleodorante manifestazione."

Oscar si occupò personalmente, con pala e carriola, di risolvere l'emergenza, e gli fui assai grato di avermi esentato dall'operazione quando mi offrii di aiutarlo. Diventò chiaro, così, anche il significato del suo ruolo di "caposquadra". Non era una posizione di autorità, ma un'autorevolezza data dall'allenamento a prendersi la responsabilità di risolvere in prima persona i problemi senza delegarli ad altri.

Col passare del tempo i legami che avevamo costruito in questo gruppo erano diventati forti. Nello staff c'erano personalità diverse, esperienze di vita tra le più varie. In un'Italia che sembra condannata alla dicotomia "sono di destra, sono di sinistra", trovavamo del tutto naturale collaborare alla riuscita delle riunioni, e si faceva a gara per arrivare alle soluzioni più rapide ed efficaci per risolvere qualsiasi problema si presentasse. Imparai così a prendermi cura del singolo, a mettere da parte le questioni personali per la riuscita dell'evento, a pianificare ogni eventualità per prevenire qualsivoglia incidente. Il motto di questo staff, nato in Giappone per proteggere i pellegrinaggi, è "massimo risultato, nessun incidente". Alla fine di ogni giornata ci incontravamo per fare il punto su come era andata e imparare dagli errori per fare sempre meglio. Ogni situazione richiedeva un *ichinen*, una direzione della mente, una decisione interiore appropriata al caso. Molte volte, nella vita, di fronte a un fatto inatteso e nuovo mi sono trovato a chiedermi:

"Cosa farebbe Ikeda per fare stare meglio questa persona?"

Quando fai l'esperienza nel gruppo *sokahan*, resti un *sokahan* per sempre. Molte volte mi è capitato di cercare di riportare lo stesso atteggiamento nel lavoro, in famiglia, nelle relazioni di vicinato. Oppure di sbroccare nel traffico, o durante una discussione, e ricordarmi che un *sokahan* non si comporterebbe così, perché in questo modo non sta ringraziando e onorando il maestro.

Un *sokahan* presta soccorso se una persona è in difficoltà e mentre agisce si chiede: "Quali sono le azioni appropriate, quali sono le priorità?". Si trattava di una palestra interessante per un maldestro solitario come me. Col tempo ho imparato a basare azioni e reazioni non sulle capacità personali ma sulla fede, sulla preghiera. Nel momento in cui le cose da fare sono diventate automatiche, mi sono potuto divertire a sfoderare il cuore. La sfida della vita, in fondo, è proprio questa: cercare di essere profondamente se stessi e starci bene.

Volevo diventare quel genere di persona che contribuisce alla comunità e per questo è disposta a mettersi in gioco. Alcune volte non è facile. Magari ti sei svegliato di cattivo umore. Allora preghi e cerchi di alzare lo stato vitale. Perché farlo? Perché ce n'è bisogno per l'attività buddista. Perché serve al tuo lavoro. Perché ne *hai* bisogno tu per vivere. Quando ci riesci, e vedi che abbandonarti al *dare*, dare il tuo tempo e le tue energie, ti cambia qualcosa dentro, ecco, allora capisci che la vittoria o la sconfitta dipendono da te, e solo tu sei responsabile di chi sei e di come stai.

Sentirsi utili porta gioia, trasfigura il corpo e i lineamenti, e questo diventa contagioso perché non vedi l'ora di condividere la felicità che stai provando. Dedicarsi agli altri porta buona salute. Credo che tutte le religioni funzionino così, ma in questa c'era la ricetta per ripetere lo stesso processo rivitalizzante ogni giorno, indipendentemente dalle circostanze.

Quante emozioni ho vissuto dentro quella divisa... Farò come Oscar, la conserverò piegata con cura nell'armadio, proprio a memoria delle belle emozioni che ho vissuto indossandola.

11

Nei primi anni di ricerca nella fede avevo l'abitudine di contare ogni giorno la quantità di Daimoku che recitavo e di segnarla su un apposito conta-preghiere, la stessa cosa che si fa con la scheda di allenamento preparata dal trainer in palestra. Avevo iniziato a Haiti e non avevo più smesso. Volevo capire se c'era una relazione fra la quantità di tempo dedicato al buddismo e gli effetti che ne ricevevo nella vita quotidiana.

Nella mia testa stavo conducendo un esperimento scientifico che, date determinate condizioni, doveva essere ripetibile. In effetti, avevo riscontrato che quando riuscivo a superare abbondantemente l'ora di preghiera, era più difficile che qualcosa mi riuscisse ad abbattere. Quando hai lo stato vitale alto sei di buon umore, i sensi sembrano funzionare meglio e soprattutto senti, e non solo con le orecchie, come stanno le persone intorno a te. Questo mi ha aiutato a subire meno i conflitti. Inoltre, osservi le tue reazioni e comprendi che oltre alla realtà fenomenica della prima impressione, la più influenzata dalla tua interpretazione, riguardo fatti e persone, c'è tutto un mondo da scoprire, fatto di fragilità, umanità e tenerezze.

Superate le due ore, oltre agli effetti già descritti, aumentano gli accadimenti inattesi, come un aereo che prende velocità e, incontrando l'attrito dell'aria, manifesta delle piccole turbolenze. Senti che sono cose che tu stesso hai messo in moto e che prima o poi si sarebbero comunque manifestate. Secondo il buddismo se una cosa accade a te è inerente alla tua vita: la devi osservare e comprendere se desideri un cambiamento. Quello che si manifesta è l'effetto delle cause che hai posto in passato, è il karma che ti sei scelto, ma che, grazie al buddismo, puoi cambiare.

Andando oltre le tre ore di preghiera lo stato vitale diventa inattaccabile, hai la sensazione fisica che ogni cellula del corpo collabori verso una direzione positiva.

Talvolta, però, l'eccessivo allenamento mi procurava stati di euforia non sempre gestibili per un emotivo *borderline* come me.

Mi rendevo conto che l'incontenibile desiderio di condividere la gioia di quelle scoperte suscitava stupore ma anche la preoccupazione o l'invidia dell'ambiente circostante. Come dire: "Se sei troppo felice sottolinei la mia infelicità, per cui preferisco pensare che sei solo un po' scemo, e magari ti tratto anche come tale".

Con gli anni ho compreso quanto possa essere utile imparare a gestire lo stato vitale per metterlo al servizio delle persone care. Puoi decidere di usare questo potere – perché di potere si tratta – per qualcosa che sia utile anche agli altri oltre che a te. È un potere virtuoso e positivo che rende attrattivi, questo perché, potendo scegliere, tutti preferiscono stare in compagnia di qualcuno simpatico, divertente e disponibile, piuttosto che di un tipo lamentoso, pessimista e attaccabrighe.

Sempre col tempo ho imparato che se la quantità della preghiera può essere un buon allenamento ai momenti cruciali della vita, è la qualità che fa la differenza.

Stavo sperimentando che l'andare verso gli altri con la scusa delle attività buddiste, effetto manifesto dello slancio sincero nella fede, aveva evidentemente aperto il rubinetto della buona fortuna: tutto infatti nella mia vita stava andando così bene che non sapevo neanche più per cosa pregare. Non mi mancava niente. A volte mi sorprendevo a praticare con gratitudine anche solo per la mia famiglia o affinché i buddisti della zona risolvessero i loro problemi. Oppure per degli sconosciuti coinvolti in qualche tragedia di cui apprendevo dai notiziari in televisione.

Anche in camera da letto la situazione si era ravvivata. Uscivo più spesso la sera e raramente dormivo da solo.

La decisione di attirare, se possibile, persone stimolanti e con tutte le rotelle a posto, con le quali riuscire a superare il blocco mentale della vedovanza, con cui condividere un film, una mostra d'arte, un'amicizia *e forse qualcosa di più*, stava dando i suoi frutti.

Da alcune settimane avevo iniziato a vedermi saltuariamente con tre ragazzi, tre "trombamici", come vengono definiti oggi coloro che praticano questo tipo di relazioni. Non li incontravo insieme, anche se sarebbe stato di sicuro divertente. C'era un aspetto misterioso in questi appuntamenti sensuali: nessuno dei tre mi poteva dare il suo numero di telefono. Appurato che non fossero dei mariti in libera uscita, latitanti o agenti segreti, ero felice di queste nottate trascorse a discutere di filosofia, arte, politica e a fare esercizio di "amorosi sensi".

Il fatto che tutti e tre avessero qualcosa da nascondere, un aspetto segreto della loro vita al quale io non potevo avere accesso, mi assolveva in automatico dal peccato di poligamia. Se vuoi l'esclusiva, mi devi dare l'esclusiva.

Più di tutti mi stavo affezionando a Carlos, un giovane sudamericano, aitante e simpatico, conosciuto in un parco con addosso un paio di jeans alla moda, stivaletti e giubbotto di pelle.

Affetto com'ero da sempre dal complesso del brutto anatroccolo, non mi pareva vero che qualcuno mi volesse frequentare con un tale, insistente desiderio.

Carlos era così sexy... aveva una fisicità emotiva e animale che bene si intrecciava con la mia. E già da un po' ci divertivamo come pazzi. La cosa sarebbe potuta diventare seria, se non fosse stato che lui spariva per settimane intere, durante le quali io non sapevo come rintracciarlo. Per quanto elettrizzante, era insensato innamorarsi di un fantasma.

Un altro grande motivo di soddisfazione, nella mia vita, era costituito dalle tante nuove relazioni in ambito buddista. Ora che avevo ricevuto un Gohonzon anche io potevo finalmente offrire la mia modesta casa per ospitare delle riunioni ufficiali. E potevo organizzare recitazioni, mettendola a disposizione dei giovani che, nel frattempo, stavano finalmente aumentando. Quanti nuovi amici! Era come gestire un locale che aveva sempre più successo.

Anche il lavoro continuava a gonfie vele grazie al nuovo impegno alla radio nel quiz "Chidovecomequando", che mi stava dando piacevoli gratificazioni, oltre alla sicurezza economica – che non guasta mai.

Dopo il corso di Trets mi ero anche intrufolato nelle attività della Divisione Artisti. Seguendo il modello giapponese, c'erano alcune categorie professionali che si incontravano per affrontare questioni specifiche del loro mestiere e motivarsi a riportare i valori di pace, educazione e cultura nella società. C'erano meeting specifici di educatori, avvocati, medici e, da qualche tempo, anche di artisti.

Fu sempre Serena a chiedermi se potevo raccontare la mia esperienza di fede, che avevo già messo per iscritto in occasione del corso a Trets, alla successiva riunione degli artisti al Kaikan di Roma. Ero, tra gli amici che stava sostenendo, uno di quelli che, cercando di sperimentare questo insegnamento con un po' di disciplina e costanza, stavano ottenendo risultati professionali eclatanti.

Io non avevo mai amato parlare in pubblico o parlare di me, ma l'idea che il mio percorso potesse essere di stimolo e incoraggiamento anche a una sola persona mi spinse ad accettare la sfida.

L'esperienza doveva durare al massimo dieci minuti. Serena mi chiese di sintetizzare i punti salienti, togliendo i particolari inutili che in genere risultano interessanti soltanto per chi racconta.

«Recita molto, tutti i giorni, da adesso fino a quando la

racconterai» mi disse. «Cerca di costruire, con la preghiera, uno stato vitale che possa incoraggiare i presenti. Dovresti provare a trasmettere l'atteggiamento che hai avuto in questi anni davanti al Gohonzon, non tanto raccontare cosa hai fatto, quindi, ma come sei riuscito a rivoluzionare la tua vita. Come pregavi nei momenti cruciali? In genere è molto efficace citare qualche frase di Nichiren o di Ikeda che ti è servita da stimolo per fare un salto di qualità nella fede. Dài, io ti sostengo!»

E lo fece davvero, venendo quasi ogni giorno a recitare a casa mia, consigliandomi quali parti del racconto tagliare perché superflue, aiutandomi a memorizzare, e perfino cronometrando l'esposizione, affinché fosse più efficace e utile per i partecipanti alla riunione.

Il fatto che avessi ottenuto un miglioramento di vita e una certa tranquillità economica poteva motivare tanti artisti a sfidarsi, ognuno nella propria trincea di vita e di espressione. La Divisione Artisti era una sorta di esperimento nella diffusione di questo insegnamento nella società. Mai prima di allora c'era stato in Occidente un così grande fiorire di artisti di ogni genere motivati nel far conoscere il buddismo.

Il cattolicesimo aveva prodotto l'arte romanica, il gotico, il barocco e tanta meravigliosa musica sacra. Chissà cosa avrebbero potuto produrre, pensavo, gli artisti buddisti nei prossimi decenni... E mi sentivo molto orgoglioso di essere parte di quel gruppo, mi faceva sentire un pioniere.

Ricordo bene che la mattina di quel lunedì 11 aprile del 1994 il sole splendeva potente nel cielo. Non c'era una nuvola, non c'era foschia, tutto era limpido e vittorioso. La trasmissione alla radio era andata bene ed ero appena rientrato con la mia macchina nuova, una Honda Civic, blu metallizzata. Avevo pure trovato parcheggio proprio sotto casa. L'appartamento era in ordine, perché il fatto di offrirlo per le riunioni mi costringeva, ogni fine settimana, a pulirlo e sistemarlo al meglio. Mi ero fatto la doccia e avevo scelto con cura come vestirmi, con il mio solito look finto casual che però fa tanto artista. Un ultimo ripasso allo scritto dell'esperienza, ed ero pronto per uscire, quando mi arrivò, improvvisa, e insolita per quell'orario, una telefonata. Era una voce gentile di donna:

«Buongiorno, qui è il laboratorio di analisi KRASI. parlo con il signor Antonello Dose?»

«Buongiorno, mi dica.»

«Signor Dose, il dottor Moscetti desidera incontrarla di persona. Può passare oggi pomeriggio entro le diciotto?»

«Ma certo, vengo subito, posso essere lì tra tre quarti d'ora. Di cosa si tratta?»

«Quando viene, poi, il professore le spiega. A tra poco. Buongiorno.»

Una settimana prima ero andato a fare delle analisi di routine, come facevo da sempre, con regolarità, ogni sei mesi. Non mi era mai successo di essere chiamato da un laboratorio di analisi. Forse dipendeva dal fatto che ero un nuovo cliente. No, la cosa non stava in piedi. Mi avrebbero solo avvisato che i risultati erano pronti e che li avrei potuti ritirare. Se un medico ti vuole parlare di persona in genere non è un buon segno. C'era qualcosa che non andava con la mia salute. Qualcosa che non poteva essere detto al telefono. Già ero leggermente ansioso perché avrei dovuto raccontare l'esperienza, ora si aggiungeva questa novità. Già, ma quale?

Fu un inferno trovare parcheggio, un inferno tanto quanto quello che si scatenò da lì a poco nella mia testa.

La segretaria mi introdusse subito nello studio del professore, che con malcelato nervosismo ed esagerata affettazione mi invitò a sedermi e mi disse senza troppi giri di parole:

«Buongiorno, signor Dose, devo informarla che dalle analisi del plasma che abbiamo prelevato lei è risultato sieropositivo al virus dell'HIV. Non si preoccupi, perché tutti gli altri valori sono perfetti. Quindi, nel caso, si tratterebbe di un contagio molto recente. Ora dobbiamo ripetere immediatamente il test, perché questi screening presentano almeno un quaranta per cento di false positività. Se vuole possiamo fare il prelievo subito. O preferisce tornare domani?»

«No, no, facciamolo subito» risposi come un automa, anche perché non stavo già più ascoltandolo da un po', da quando cioè aveva pronunciato la fatale parola "sieropositivo".

Mentre mi cavava il sangue mi chiedevo come era stato possibile. Dopo la morte di Piero ero stato così attento a prendere ogni genere di precauzione durante il sesso. Mai, dico, mai senza il preservativo. Avevo visto morire troppe persone per commettere una leggerezza simile.

«Le ho ripetuto sia il test ELISA che il Western Blot, per essere più sicuri» aggiunse il professore riempiendo due provette. «Si sente bene?»

«Stavo meglio prima, se devo essere sincero» bisbigliai livido.

«I risultati saranno pronti tra una settimana» mi accomiatò gentilmente, accompagnandomi all'ingresso.

Tornai in strada, ma era come se fra me e la realtà fosse calato un sipario. Vedevo il marciapiede sporco, vedevo circolare le macchine, sentivo il sole caldo, molto caldo per essere metà aprile, ma era come se fossi altrove, come se non appartenessi più a questo fenomeno che chiamiamo convenzionalmente "vita".

Ricordo un piccolo gatto che approfittava di un incarto lasciato da una generosa gattara, vicino alla ruota di una Fiat 500. Ci lanciammo uno sguardo.

Salito in macchina, era come se non fossi più capace di guidarla. Non sapevo cosa fare. Ricordo il traffico, i negozi, una signora con la borsa della spesa. Mi sembrava di assistere a un film. Lo osservavo, ma non ne facevo più parte.

Ricordai, improvvisamente, mentre azionavo per errore il tergicristallo al posto della freccia, che proprio all'inizio della movimentata trombamicizia con Carlos avevamo avuto un incidente con un profilattico che si era strappato senza che al momento nessuno dei due se ne accorgesse.

"Cazzo, è successo quella volta lì, non può essere successo che quella volta lì" mi ripetevo frastornato dalla novità.

Emotivamente non ero più in grado di raccontare la mia esperienza al Centro buddista, ma mi incamminai lo stesso verso il Centro culturale, guidando con cautela da principiante. Lì, comunque, avrei potuto recitare Daimoku insieme agli altri e avvisare Serena che non stavo bene e che non ero più nella condizione di raccontare la mia storia in maniera incoraggiante.

Dopo aver recitato glielo comunicai, omettendo le ultime notizie. Già da tempo mi ero allenato nell'escludere quel genere di informazioni, selezionando con cura chi poteva sapere e chi no.

Serena mi incalzò:

«Ma no, dài! L'altra persona che doveva raccontare l'esperienza ha la febbre alta e non viene. Non abbiamo tempo per trovare una sostituzione. La riunione è basata sulle esperienze. La riunione *è* la tua esperienza. Come facciamo? Dài, ormai sei qui. Fidati del Gohonzon. Ti sostengo io. Reciterò sottovoce tutto il tempo per te.»

Ho sempre avuto dei problemi a dire di no, ma lo sforzo che feci quel giorno, salendo su quel palco, davanti a quel microfono, lo considero adesso decisivo per la mia sopravvivenza.

Naturalmente i tempi saltarono completamente, il racconto arrivò a durare venticinque minuti invece dei dieci previsti. In ogni istante, affrontando il successivo, non sapevo se mi sarei messo a piangere, o avrei perso il filo, ma mi sforzai di continuare e incoraggiare nella fede gli artisti presenti. Parlavo di Piero, della gratitudine che provavo per il percorso che mi aveva fatto fare, e intanto pensavo a come fosse strano che tutto questo non fosse accaduto con lui. Di fatto, il contagio non è così facile. Con lui – non sapendo, forse per anni, della cosa – avevamo avuto tanti rapporti a rischio eppure non era mai successo niente.

La gente applaudì e in molti vennero a stringermi la mano e a ringraziarmi per il mio racconto. C'era chi voleva il mio numero di telefono per recitare insieme, chi chiedeva consigli di fede o di lavoro. Quei minuti, in cui nonostante tutto, come un pugile suonato, ho cercato di andare avanti e fare qualcosa di utile, resteranno per sempre come un tesoro inestimabile nel mio cuore. Grazie Serena, grazie ancora per avere insistito quel pomeriggio.

La notte non chiusi occhio. Più che l'idea della morte imminente, mi faceva soffrire l'idea del dolore di tante persone care alla notizia della mia nuova situazione. Mi immaginavo, in ogni dettaglio, il mio funerale e i giudizi e il grande parlare che se ne sarebbe fatto.

La mattina dopo, non fu un bel presagio trovare la macchina bloccata da un carro funebre vuoto. È opinione comune che porti malissimo: se è vuoto va riempito. Non so come feci a far finta di niente alla radio, in diretta nazionale. Non dissi niente a nessuno, neanche a Marco. Al ritorno a casa, come se non bastasse, trovai una cartolina nella cassetta della posta. Al tempo si usava ancora spedirle. Era di un sacerdote, un archivista vaticano feticista, che aveva trovato simpatico inviarmi, come saluto, le immagini di uno scheletro emerso in uno scavo archeologico di una catacomba. Aveva avuto davvero un pensiero gentile, in realtà. Fu in quel momento che capii quanto fosse importante diventare in fretta padrone della mente. La nostra psiche è capace di cose che neanche immaginiamo. La paura si concretizzava in segni sempre più spaventosi e mostrava di essere capace di autoalimentare questo meccanismo all'infinito.

Fu Betta, nel pomeriggio, la prima persona a stanarmi dall'incubo. Si presentò di sorpresa citofonandomi a casa e chiese a colpo sicuro:

«Che ti succede? Ieri ti ho visto strano.»

12

È diffusa una curiosa idea della morte, della propria intendo. Che siamo comuni mortali lo scopriamo presto ma, sotto sotto, riteniamo che la cosa non ci riguardi, o comunque non a breve. Proviamo dolore quando muore una persona cara, ma in fondo soffriamo all'idea della *nostra* precarietà, del fatto di essere scritti tutti a matita nel grande libro della vita.

Inoltre, una cosa è immaginare una situazione ipotetica, un'altra è ricevere una certificazione scientifica che documenta il fatto che potresti a breve stirare le zampe.

Il secondo test del laboratorio confermò il primo e presi contatto con una struttura ospedaliera. Non scelsi però lo Spallanzani. Lì proprio non ce la potevo fare.

Quello che avevo davanti era un film già visto; le statistiche e l'esperienza mi dicevano che potevo sperare in tre, massimo quattro anni di relativa normalità. Poi, sarebbero cominciati i problemi, la disperazione e l'inferno. Conoscevo già tutti i segni della malattia. Bazzicando per mesi quei reparti d'ospedale, avevo imparato a leggere la fragilità di chi si sente condannato, i primi segni sulla pelle e le varie sintomatologie possibili o probabili.

Mi trovavo perciò a dover affrontare un problema molto serio: sapevo che la mia ipersensibilità era capace di manifestare qualsiasi malattia psicosomatica, dall'attacco d'asma alla colite spastica, dall'eritema alla psoriasi. Ora, in quel contesto infausto, sarei stato capace di farmi venire chissà che cosa, magari la pellagra, la crosta lattea o la lingua blu, che in genere viene alle pecore, o addirittura, visto che sono gay, probabilmente una gravidanza isterica.

Anche la teoria buddista lo dice chiaramente: la vita è un'unità indissolubile di aspetti fisici e spirituali, il corpo e la mente sono solo facce diverse dello stesso fenomeno. Se la mente è in confusione, il *corpore* non può mantenersi *sano*.

La notte mi svegliavo continuamente, spesso mi mancava l'aria come in un improvviso attacco d'asma.

Vivevo, a dirla tutta, un sentimento di forte delusione verso la pratica buddista. Mi sentivo tradito da questo Gohonzon appena ricevuto che avrebbe dovuto portarmi felicità, pace e buona fortuna. Era questa la buona fortuna? Piero era morto e tra breve sarebbe toccato a me. Quello che avevo sotto gli occhi non era per niente incoraggiante.

Mi rimbombava, in qualche anfratto oscuro della mente, la condanna di svariate autorità religiose, secondo le quali questa malattia sarebbe la punizione divina a un comportamento immorale.

In più c'era la questione dell'offesa alla Legge Buddista contenuta, anche se a mia insaputa, nel film che portava tra le altre la mia firma, e la concomitanza degli eventi non faceva che rafforzare i sensi di colpa di cui sono stato da sempre, per natura e educazione, portatore sano.

Vissi in stato confusionale e soffocato da questi pensieri per mesi, con i sensi ovattati, energia e stato vitale ridotti al minimo.

Di certo, se ti appiccicano una data di scadenza, come a una mozzarella o a uno stracchino qualsiasi, non ti viene naturale preoccuparti troppo per i tuoi fondi pensione. Sembra un'inutile perdita di tempo leggere un libro, e il tempo stesso diventa una categoria elastica. Per esempio il tempo libero. Libero da cosa? Da impegni? Sarebbe veramente libero se non fosse occupato dal pensiero costante della sigla di coda.

Non potevo però neanche lasciarmi andare a quella sensazione di impotenza deprimente che rende l'anima opaca.

Così ingaggiai una battaglia continua, giorno per giorno, attimo per attimo, per cercare di mantenere un legame sano con la realtà, evitando – provandoci, almeno – di avere il pensiero fisso sul problema.

Non accettavo di identificarmi con la malattia, ma non potevo neanche rimuovere la cosa e fare finta di niente.

Una mattina, per tentare di strapparmi un sorriso, andai addirittura a farmi rilasciare un certificato di esistenza in vita, così, per esserne più sicuro. Per quanto possa contare un'autocertificazione, per il computer dell'Anagrafe risultavo ancora vivo.

C'era anche un altro aspetto che andava affrontato con grande serietà, urgenza e senso di responsabilità: il fatto che ero diventato io stesso potenzialmente contagioso. Non sopportavo l'idea di poter essere l'untore di qualcun altro. Già per anni avevo evitato, nel dubbio e nell'ignoranza, di prendere in braccio i miei nipotini o i figli di Marco, per prevenire qualsiasi possibilità di contatto. Ora dovevo anche avvisare della novità gli ultimi misteriosi partner. Carlos in prima persona, perché ero convinto che fosse stato lui, ma anche gli altri due. Il problema era che non avevo i loro recapiti.

L'unica cosa che potevo fare era pregare che al più presto si facessero vivi loro per ragguagliarli in merito.

In un attimo ero diventato consapevole del pericolo sociale dei miei fluidi. Per il sesso non c'era problema, bastava applicare un embargo totale a tempo indeterminato. Un embargo serio, non come quello per le armi che si dice l'Italia abbia violato in molte aree di crisi internazionale. Per il resto, c'era da evitare di ferirsi in pubblico e, nel caso, gestire la cosa in maniera non plateale per prevenire sempre possibili scene di panico e conseguenti imbarazzanti discriminazioni. Inconsciamente, mi allenavo immaginando scene da film horror in cui il sangue era sempre protagonista.

Pensai di avvisare soltanto poche persone, una in famiglia, perché non si sa mai, Oscar, nel caso mi succedesse qualcosa mentre facevo attività la domenica al Kaikan, e qualche amico della zona buddista.

Fu così che imparai quanto può essere veloce la diffusione di certe notizie. Tutti abbiamo un confidente privilegiato, qualcuno con cui sentiamo il dovere di condividere il peso di una novità che pensiamo di non riuscire ad affrontare da soli. Nei giorni successivi, però, ricevetti diverse telefonate o visite di persone che avevano saputo e che ora cercavano di incoraggiarmi. Apprezzai il gesto, ma avrei preferito essere io a dirlo a ognuno di loro. O anche no.

L'eccessiva mobilitazione mi faceva un po' sentire un appestato. Per fortuna si trattò solo di pochi casi, ma l'esperienza mi aveva insegnato che la vita di ogni persona è una cosa delicata e preziosa che va maneggiata con il massimo della cautela. Mi ritornarono in mente le parole scherzose di Dadina che, in più occasioni, diceva che quando veniamo a sapere di notizie riservate sui nostri compagni di fede dovremmo imparare a "tenere il cecio in bocca", per evitare che la Soka Gakkai diventi una pettegola *Sora Gakkai.* Una notizia personale va custodita nel cuore, o rischia di diventare chiacchiera banale in pochi istanti. Per fortuna allora non esistevano ancora i gruppi WhatsApp.

Bella lezione, comunque, per un incontinente verbale come me. Non lo dissi né a Marco né ai miei genitori. A Marco forse per proteggermi: lui era parte del mio quotidiano, e sapendolo me lo avrebbe ricordato tutti i giorni. Ai miei genitori, sicuramente, per pietà filiale: sentivo di aver trovato uno strumento per vincere qualsiasi tipo di sofferenza che forse loro, proprio perché genitori, non avevano. Non metto in discussione la loro fede, ma credo che un genitore sia il soggetto più fragile di fronte alle preoccupazioni di un figlio.

Devo ammettere che mi sento più leggero ora che ho deciso di rivelarlo a tutti, con questo libro. Da allora ho pregato per la protezione di questa notizia e non ho avuto nessun tipo di problema. Tantomeno adesso.

Proprio quella primavera era attesa la visita in Italia di Daisaku Ikeda, e tutti eravamo mobilitati per recitare più Daimoku possibile affinché ogni cosa andasse per il verso giusto. Gli artisti italiani stavano allestendo, per giugno, uno spettacolo al Teatro Lirico di Milano in occasione del Festival internazionale dei Giovani per la Pace, con delegazioni di membri da tutto il mondo in onore di *sensei*.

Proprio nella settimana in cui sarebbe arrivato Ikeda, in risposta alle mie preghiere, si fecero vivi i tre amanti misteriosi. Li convocai a casa, separatamente, anche se ero tentato di convocarli insieme per sbrigarmela prima, e li misi a conoscenza delle novità. I primi due, che erano arrivati con intenzioni palesemente goderecce, restarono sciocati ma mi ringraziarono dell'informazione. Il primo dimenticò di bere il caffè che gli avevo preparato. L'altro si scordò l'ombrello millantando un appuntamento urgente che gli era, guarda un po', uscito di mente. Carlos, invece, mi raccontò con forte imbarazzo che il suo amante precedente era morto qualche mese prima in Argentina per lo stesso problema e che ne aveva sofferto molto, ma fu il più coraggioso dei tre e mi lasciò il suo numero di telefono nel caso avessi bisogno di qualcosa. In realtà partì per una vacanza in Grecia con un nuovo ragazzo che stava frequentando e scomparve per diversi mesi.

Il clima di verità che si era venuto a creare in queste rivelazioni manifestò un aspetto del tutto inatteso. Tutti e tre, di fronte alla mia sincerità, si erano sentiti in dovere di ricambiarmi con la stessa franchezza, rivelandomi a loro volta un loro segreto mantenuto per settimane: due di loro erano sacerdoti, Carlos un seminarista.

La confusione a quel punto fu totale. Come era stato possibile che nessuno me l'avesse detto prima? Come avevo fatto a non rendermi conto che quelle disquisizioni su filosofia, arte e attualità erano frutto di studi ecclesiali e dottrina teologica? Come sistemavano le avventure con me all'interno della loro coscienza, in relazione al lavoro che facevano? Carlos mi svelò di non essersi mai fatto delle analisi, anche dopo situazioni a rischio, in virtù della forte vocazione religiosa, dicendo con candore che si sentiva protetto spiritualmente. Mi rivelò che stava esplorando la sua omosessualità e che il suo confessore in seminario gli aveva consigliato di avere una relazione con me prima di prendere i voti, proprio per essere più sicuro della sua vocazione. Con me stava facendo una specie di test, ma non quello che avrebbe dovuto fare.

Soprattutto, che *ci azzeccava* tutto questo con la mia educazione religiosa, i sensi di colpa, la vergogna di sentirsi gay, se i testimonial di quei valori si erano comportati in maniera tanto spregiudicata nei miei confronti?

Certo, in qualche modo me l'ero andata a cercare, ma non avrei mai immaginato questo svelamento di verità così ricco di figure simboliche.

Fu inevitabile, da quel momento, estendere l'embargo, oltre che al sesso, anche a ogni tipo di relazione. Mi convinsi che, poiché non avevo capito niente delle persone, per evitare di fare altri danni, era meglio non frequentare proprio più nessuno.

Non parlavo del mio problema se non con pochi amici, tutti i buddisti erano presi dalla visita di Ikeda in Italia e avevo il timore di disturbare. Cosa mi avrebbero detto? Di recitare Daimoku, è certo, ma quello lo stavo già facendo di mio.

Una sera, dopo una riunione, mi aprii con una giovane donna che stavo accompagnando a casa in macchina, e lei mi consigliò di chiedere una guida nella fede per meglio affrontare la questione.

Mi combinò velocemente un appuntamento con un giapponese di grande esperienza, uno dei responsabili nazionali dell'Associazione Italiana Soka Gakkai.

Abitava a Firenze e io ci andai in macchina, accompagnato da Betta, che si era offerta di appuntare per me i consigli che avrei ricevuto.

Questa persona era un punto di riferimento importante, avevo già avuto modo di ammirarlo sentendolo parlare alle grandi riunioni, sempre incoraggiante, preparato e incisivo, e per questo ero molto curioso di ascoltare cosa mi avrebbe detto. Lo avevo solo incontrato in situazioni ufficiali, vestito da manager giapponese, e mi sorprese vederlo a casa sua con le maniche della camicia tirate su e le ciabatte ai piedi.

Mi aspettavo da lui qualcosa come una ricetta medica sulla quantità di Daimoku da recitare, o la prescrizione di alcune letture specifiche sulla malattia tratte dai Gosho o dalla *Rivoluzione umana* di Ikeda. Invece, dopo averci messo a nostro agio, guidato un Gongyo rivitalizzante e ascoltato il mio racconto, esordì dicendo:

«Tra malattia e morte non c'è collegamento. Una cosa è la malattia e una cosa è la morte.»

"Ha detto 'morte'" pensai, "non ho speranza, sono fottuto, devo morire."

E continuò spiegando come siamo tutti mortali e che, in quanto tali, dovremmo approfondire la questione dal punto di vista della fede.

«Tanti membri, pur essendo buddisti, hanno paura della morte e preferiscono non affrontare questo argomento. La malattia è solo un mezzo per morire, ma ce ne sono tanti altri. Conosco centinaia di persone che hanno il tuo problema, ma pochissimi muoiono per questo. Fai quello che dice il medico. Se reciti un forte Daimoku il sistema immunitario resiste meglio, il Gohonzon manifesta questo tipo di protezione. Il Daimoku deve essere forte. Se io colpisco la campana con il batacchio ottengo un suono forte, se la colpisco con una matita non avrò lo stesso risultato» disse facendo risuonare la grossa campana davanti al suo altare giapponese di lacca nera. «Sii responsabile, anche se ti fa paura, sforzati di assistere le persone che stanno male per incoraggiarle *fino in fondo*. Sforzati di manifestare compassione buddista. Gli ideogrammi giapponesi che descrivono la compassione buddista sono *ji* e *hi*, e significano, letteralmente, "togliere sofferenza" e "dare gioia".»

Utilizzò innumerevoli volte la parola "approfondire", ma

mi ci è voluta una decina di anni per iniziare a comprendere che si riferiva all'approfondire il tema dell'eternità della vita, o meglio, all'immanenza dello stato vitale di buddità. Continuò dicendo:

«La tua pratica è ancora superficiale. Decidi, nonostante tutto, di utilizzare la tua vita per Kosen Rufu, lo scopo della pace mondiale. Molte persone pensano: "Quando starò bene, quando avrò una bella casa, un bel lavoro, una bella famiglia, allora mi dedicherò a Kosen Rufu". Bisogna ribaltare questo atteggiamento. Al contrario, la nostra preghiera dovrebbe essere: "Io realizzerò lo scopo di Kosen Rufu della pace mondiale e per questo chiedo al Gohonzon di guarire, di prolungare la mia vita e di avere tutto quello che mi serve per realizzare la mia missione".»

Aggiunse che "missione" in giapponese, *shi-mei*, significa "usare la vita".

Alla mia domanda su cosa fosse la fede pura rispose che "pura" non va intesa come "cieca", e significa "assenza di dubbio" costruita grazie all'esperienza.

Mi diede anche un consiglio di vita pratica per affrontare stress e stanchezza:

«La salute è misura, è conto di misura. Conta quanto dormi e misura quello che mangi.»

Proseguì dandomi una serie di suggerimenti su altri argomenti, come se non valesse neanche più la pena parlare del problema per cui ero andato lì. Mi disse che se una coppia non riusciva ad avere figli, cosa sempre più frequente, era importante che entrambi i genitori pregassero per metterne al mondo uno che contribuisse alla realizzazione della pace mondiale.

«È un metodo infallibile» aggiunse.

E continuò dicendo che nella Soka Gakkai c'era bisogno di persone serie, ma questo non doveva spingerci al pregiudizio verso gay e lesbiche. Raccontò che in Giappone un ragazzo, a seguito di cure oncologiche, aveva avuto uno squilibrio ormonale e aveva deciso di cambiare sesso. Veniva alle riunioni vestito da donna e gli altri lo giudicavano dicendo in giro che fosse "strano".

«Il pregiudizio non va bene perché tutti hanno la natura di Budda.»

Accomiatò me e Betta dicendo che per realizzare Kosen Rufu ci sarebbe voluto tempo, ancora molto tempo. Almeno cinquecento anni.

«Io e te» mi disse fissandomi negli occhi «dovremo morire e rinascere almeno altre otto volte per realizzarlo.»

Me lo disse con una tale convinzione che non potei fare a meno di credergli. E mentre parlava ebbi l'impressione che il suo volto trasfigurasse: non era più lui a parlare, ma il maestro Ikeda in persona. Era come se la sua personalità si fosse accesa, *illuminata,* da dentro, grazie al suo imponente stato vitale.

Per raggiungere quella convinzione doveva aver approfondito molto la relazione maestro-discepolo, e ora cercava di rendermene partecipe.

Uscii un po' stralunato da quell'appartamento semplice, nella periferia di Firenze, e proprio sotto casa sua notai un negozio di mobili di arte povera. Era già da qualche tempo che volevo cambiare la libreria componibile sulla quale custodivo il mobile buddista, perché era traballante, e ogni volta che aprivo l'armadietto il Gohonzon dondolava. Per caso avevo con me un disegno con le misure necessarie.

Notai in vetrina uno scrittoio color carta da zucchero che aveva esattamente le misure del mio progetto. Era talmente perfetto che per un attimo pensai che il commerciante potesse essere in società con il saggio giapponese. Lo comprai d'impulso, con l'approvazione di Betta, e lo caricai in macchina. Quale occasione migliore per una nuova ripartenza, e per provare a mettere in pratica i consigli della guida appena ricevuti? Sì, sarei ripartito da lì, dal Gohonzon, continuando a costruire sulle uniche fondamenta solide che avevo a disposizione al momento.

13

Iniziò un lungo periodo di disciplina: mesi e mesi di vita regolare, alimentazione equilibrata, attività sportiva e pratica corretta. Per restare sani, è necessario, come prima cosa, desiderare di esserlo. Avevo imparato, osservando nei mesi il peggioramento di Piero, quanto fosse importante mantenere, nonostante tutto, un atteggiamento positivo verso la vita. Dovevo restare aggrappato alla realtà e non permettere ai pensieri di sconfitta di impadronirsi della mia testa. Nella *Lettera a Gijo-Bo* Nichiren dice:

Il Budda scrisse che si deve diventare maestri della propria mente e non lasciare che la mente sia la propria maestra.

Spesso, in passato, mi erano tornati utili gli allenamenti di psicotecnica interiorizzati negli anni di training attoriale. Ora avevo a disposizione un insegnamento teorico che prometteva, se seguito alla lettera, risultati anche migliori. Sfogliando, inoltre, le riviste buddiste avevo trovato un incoraggiamento di Ikeda che mi aveva molto colpito. Lo avevo ricopiato a mano su un cartoncino e posto davanti al mio nuovo scrittoio di preghiera:

Quando la nostra determinazione cambia, tutto comincerà a muoversi nella direzione che desideriamo. Nel momento in cui decidiamo di essere vittoriosi, ogni nervo e fibra nel nostro esse-

re si dirigerà immediatamente verso il nostro successo. Se invece pensiamo che "non ce la faremo mai" allora, in quell'istante, ogni nostra cellula sarà come svuotata e soccomberà.

Il fatto che parlasse proprio di cellule mi confortava sulla possibilità che una forte preghiera potesse avere un effetto diretto sulla biologia.

Arrivò il giorno della visita di Ikeda in Italia. Ero riuscito a ottenere un posto al Teatro Lirico per poter incontrare *sensei*.

Ci andai con Betta, in vagone letto, per non stancarmi troppo. Avevamo avuto tutti e due una settimana difficile.

Dopo le emozionate ed emozionanti esibizioni dei giovani attori, cantanti e danzatori, *sensei* salì sul palco.

Se dovessi descrivere Ikeda per il ricordo che mi ha lasciato, direi senz'altro di aver incontrato un grande cuore caldo, pulsante, che cammina. Percepire dal vivo il cuore, la passione, la determinazione di quest'uomo mi ha inciso dentro un diapason di riferimento per intonare l'anima. Da quel giorno ho iniziato a provare un sincero affetto per Ikeda, come fosse il mio secondo papà.

Questo signore giapponese, un po' buffo, leggermente sovrappeso, faceva di tutto per mettere pubblico e platea a proprio agio. Era leggero, energico, gioioso e divertente. E l'atmosfera in teatro diventò subito informale.

Ikeda si mise a giocare sulla scena con le percussioni di Karl Potter e Tullio De Piscopo e poi chiamò vicino a sé Roberto Baggio – cosa che, istintivamente, mi urtò un po'. Non avevo mai avuto simpatia per il gioco del calcio e per i suoi campioni: lo trovavo e lo trovo noioso. Eppure Ikeda invitò i presenti a seguire Baggio, che avrebbe partecipato ai Mondiali di calcio Usa '94. Ero perplesso. Che c'entrava il calcio col buddismo? Tornai a casa entusiasta, ritemprato, ma anche un po' confuso.

Dovetti ricredermi però il 5 luglio, quando a due minuti dalla fine, nella partita contro la nazionale nigeriana, "il codino" segnò prima il gol del pareggio e poi, nei tempi supplementari, un rigore, portando a termine una rimonta che sembrava impossibile. E poi segnò ancora durante quel Mondiale, nei quarti di finale, siglando la vittoria contro la Spagna, e in semifinale realizzando due gol decisivi contro la Bulgaria.

Per caso mi capitò di vedere queste partite da solo, a casa. Avevo notato che ultimamente Roberto quando giocava indossava spesso al braccio una fascia con i colori della Soka Gakkai, ed era evidente – guardandolo nei primi piani in TV – che spesso recitasse Daimoku. Mi ricordai subito delle parole di *sensei* e, agendo d'istinto, aprii il mobiletto, e mi misi a recitare un Daimoku intenso per sostenerlo. Non era una cosa regolamentare, recitare il Sutra con il televisore acceso di lato, la preghiera è un'esperienza interiore che ha bisogno di assoluta concentrazione ma, vista l'eccezionalità del momento, feci uno strappo alla regola. Per uno che pensava di avere a disposizione un tempo di vita limitato, il fatto che negli ultimi minuti Baggio fosse riuscito a ribaltare un risultato infausto era stato incoraggiante e commovente. Dimostrava che, grazie alla dedizione e alla fede, era possibile fare la cosa giusta, al posto giusto, nel momento giusto e, anche negli ultimi istanti prima della fine, trasformare in possibile ciò che sembrava impossibile.

Mentre nel caseggiato risuonavano sirene e urla di tifosi, come preso da un raptus, cominciai a suonare con forza in terrazzo, commosso e in lacrime, la campana buddista. Vi lascio immaginare lo stupore dei vicini.

Quel Mondiale passò alla storia per il rigore decisivo sbagliato da Baggio nella finale contro il Brasile. Lui stesso considerò quell'errore "una ferita che non si chiuderà mai", ma in un'intervista aggiunge: «Sul momento avrei voluto scavare una buca e nascondermici dentro. Poi ho pensato che, visto che il Brasile ha molti più abitanti dell'Italia, con quel mio errore avevo fatto felice molta più gente».

Molti considerano quel Mondiale e quel rigore mancato una sconfitta. Capita talvolta che si reciti per uno scopo, anche per lungo tempo, e che questo non si realizzi. Eppure lo scopo della fede buddista è la felicità, l'ottenimento della buddità in questa esistenza, non la soddisfazione di desideri materiali o il successo professionale. Non si può certo affermare che Baggio sia un perdente nella vita, con la carriera straordinaria che ha avuto. Nelle rare apparizioni televisive degli ultimi anni mostra uno stato vitale sereno e gioioso molto diverso da quello di tanti suoi colleghi sul viale del tramonto. Con gli occhi indica una serenità interiore, e anche di questo gli sono grato.

In qualche modo, per induzione, la sua impresa sportiva del '94 mi fece comprendere il concetto buddista chiamato *ichinen sanzen*, secondo il quale ogni istante di vita contiene in sé il potenziale infinito della vita stessa dell'intero universo. Ogni istante, ogni giorno possiamo realizzare cose meravigliose nella profondità della vita, e la limitatezza del tempo a disposizione è solo una categoria della mente. Nello scritto *Il prolungamento della vita* Nichiren Daishonin, inoltre, afferma:

La vita è il più prezioso di tutti i tesori. [...] Affrettati ad accumulare il tesoro della fede e sconfiggi velocemente la tua malattia. [...] prima di tutto devi dimostrare la tua volontà [di guarire].

"Ogni giorno è importante, deve avere un senso, me lo devo godere" mi capitava spesso di pensare. Noi umani siamo stupidi. Ci rendiamo conto delle cose belle che abbiamo solo quando le perdiamo o rischiamo di farlo.

Nel frattempo la Rai aveva proposto, a me e a Marco, di provare a cimentarci con una nuova trasmissione radiofonica, su Radio2, che avevamo intitolato "Il Ruggito del Coniglio". Era un buon lavoro, un contratto di nove mesi per un varietà quotidiano: cinque giorni a settimana, dal lunedì al venerdì. Sarei stato capace di farlo? Mi avrebbe retto il fisico per altri nove mesi? Per fortuna l'azione è un'ottima medicina contro le paranoie. Avevo così tante cose da fare in quel nuovo ambiente, che mi mancava materialmente il tempo di angosciarmi.

I mesi che seguirono furono un continuo approfondimento dei principi e delle relazioni buddiste. È impossibile ricordare qui tutti i compagni di fede che ho conosciuto quando abitavo al Nuovo Salario e le esperienze che abbiamo condiviso. So che i nostri cuori hanno battuto insieme e che anche loro ancora lo sentono.

I controlli bimestrali in ospedale non destavano preoccupazione, non provavo dolori o fastidi particolari, potevo tornare ad avere il lusso di accorgermi che era una bella giornata di sole e che le mammole ricoprivano di nuovo i prati.

Avevo un lavoro in cui venivo pagato bene per cercare di far ridere e mi sembrava una gran bella fortuna, date le circostanze. Avevo letto da qualche parte che la risata ha effetti terapeutici e la cosa non mi sembrò un caso. L'affetto sincero del pubblico che ti ringrazia per quello che fai, poi, è una straordinaria medicina dell'anima che merita di venire ripagata con l'impegno a fare sempre meglio, con dedizione.

Ricordo come fosse ieri la prima puntata del "Ruggito del Coniglio" alle 9 del 2 ottobre del 1995: l'emozione, le nostre paure e gli incoraggiamenti del grande curatore Massimiliano Fasan, *che più che un curatore è un guaritore*, vista la sapienza e l'affetto con cui sapeva destreggiarsi nella burocrazia Rai. La trasmissione durava solo un'ora, e dopo aver lanciato il primo tema pensai, con la salivazione azzerata: "E se adesso non chiama nessuno?".

Il pubblico invece chiamò e non ha mai smesso.

Venimmo poi a sapere che un dirigente dell'epoca, all'ascolto della prima diretta, commentò con lungimiranza aziendale e artistica: «Questi due non tengono l'ora».

Sempre in quell'occasione conoscemmo il nostro regista, il mitico Paolo Restuccia, "The Genius", cui era stato proposto di dirigerci dietro il vetro dello studio radiofonico. Veniva da anni di collaborazione con Radio2 e tra le sue esperienze c'era stata persino la conduzione, in voce, del popolarissimo "Chiamate Roma 3131". Anche a lui fu detto che saremmo durati poco: «Se trovi un contratto più lungo prendilo al volo, questi al massimo arrivano a Natale».

Tutto sembrava sottolineare la mia condizione esistenziale di precarietà.

Dal canto mio stavo imparando a convivere con la nuova condizione di sieropositivo. Come dicevo, non manifestavo ancora nessun sintomo o fastidio fisico e così realizzai che non c'era alcuna differenza tra la prospettiva di sopravvivenza che avevo io e quella di un qualsiasi anziano ancora in buona salute. È evidente che la mortalità è una condizione umana e nessuna religione sulla Terra, del presente, del passato e del futuro, ha potuto, può e potrà garantirci come da contratto l'eternità. "Ma di questa vita, breve o lunga che sia, cosa ci faccio?" mi chiedevo.

Avevo deciso di utilizzare il tempo che mi restava a disposizione, tanto o poco che fosse, per provare a creare valore, per fare qualcosa di utile.

La mia casa era sempre aperta per chi volesse recitare. Avevo anche accettato la proposta che diventasse luogo fisso per uno *zadankai*, una riunione di discussione.

È stato, invece, durante uno dei turni di attività domenicale al Centro buddista – ormai diventati una piacevole consuetudine – che ho scoperto con stupore di potere ancora provare gioia, ridere, e anche di gusto.

Credo sia stato il frutto dell'aver coltivato, durante quelle lunghe giornate, tante relazioni umane. Le relazioni umane sono la cosa più importante. La comunità dei credenti, il *sangha*, viene bene rappresentata con la metafora induista della Rete di Indra, il Dio del tuono, che pure descrive il concetto di "origine dipendente" e spiega l'interazione fra ciascuna forma di vita all'interno di un ecosistema. La metafora è questa: nel palazzo di Indra è appesa un'enorme, complessa rete; ogni nodo o intersezione della rete è ornato da un gioiello, a significare che ogni forma di vita ha un valore inestimabile; e ogni gioiello della rete riflette tutti gli altri e contribuisce all'illuminazione dell'insieme.

E fu proprio grazie alla continua interazione con tante persone con cui condividevo il voto di rendermi utile agli altri che avevo ritrovato la gioia di vivere. Che cos'è il "Ruggito del Coniglio", per me, se non una grande Rete di Indra?

E la sfida si rinnova, ancora oggi, tutti i giorni. La fede mi aiuta nel lavoro, il lavoro mi aiuta nella fede. Che cos'è lo "Stai su", la rubrica di incoraggiamento di un amico in difficoltà, che per anni è stata così amata dal pubblico del "Ruggito", se non l'espressione della *ji-hi*, la compassione buddista? Esercitarla fa bene a chi la riceve, ma soprattutto a chi la esercita.

Certo, ho passato anche notti orribili, con pensieri carichi d'ansia e sogni di tragedia. Col tempo ho imparato che questi stati della mente sono illusori. Io, comunque, ero vivo, e niente mi impediva di pensare, e cercare di sentire che, pur con tutti i miei problemi, potevo far parte di un disegno più grande, di un fenomeno più complesso. Spesso mi scoprivo, rispettando la naturalezza ritmica del respiro, a sussurrare la preghiera. Il risultato era che l'ansia si scioglieva in fretta e i pensieri diventavano più morbidi.

Allora rilanciavo con l'azione di fede. Se io davvero faccio parte del grande fenomeno della vita dell'universo, pensavo, deve essere anche vero che l'energia incommensurabile dell'intero universo si manifesta, in qualche modo, dentro la mia vita racchiusa in questo corpo mortale. Se Nam-Myoho-Renghe-Kyo permea tutti i fenomeni, me compreso, questo modo di pensare, il desiderio di incarnare la preghiera, *deve* avere un effetto sulle mie cellule, sui miei linfonodi, sulle mie sinapsi, sul sangue che scorre senza sosta nelle vene. Se mente e corpo sono così interconnessi come afferma la teoria buddista, allenarmi a pensare che "ce la farò", perché voglio vivere, perché ho una missione da compiere, avrà senz'altro un effetto positivo sul funzionamento armonico del corpo.

In genere, così, pieno di speranza, mi addormentavo di un sonno ristoratore, svegliandomi, la mattina dopo, ritemprato e pronto a riprendere la battaglia. Ripensandoci razionalmente è stato come se, grazie a questa disciplina spirituale, avessi ottimizzato al massimo quello che i medici chiamano "effetto placebo", ma che i testi buddisti del monaco Nagarjuna, già nel III secolo, avevano definito "trasformare il veleno in medicina", in giapponese *hendoku-iyaku*.

Ho un problema. Come reagisco? Provando ad affrontarlo, ed è così che ho sperimentato che era affrontabile. L'azione più importante è stato credere di potercela fare, come un paziente cui viene somministrato un farmaco senza principi attivi. Lui crede che la medicina stia funzionando e mette in moto la capacità di autoguarigione che ha il corpo.

Non è stato sempre semplice avere fede durante quelle nottate. Alcune me le ricordo interminabili. Non c'erano, allora, per il mio problema, le medicine che ci sono oggi. Piero se n'era andato. In quei mesi avere fede ha fatto la differenza tra la vittoria e la sconfitta, forse tra la vita e la morte, e ha fortificato non solo il mio corpo. Se l'effetto placebo può avere il potere di curare alcune malattie, sottopormi a questo trattamento di fede, affrontare una situazione all'apparenza disperata, mi ha fatto crescere come essere umano, rendendomi mentalmente più sano e più consapevole della bellezza della vita.

È importante, nei momenti cruciali, restare saldi. Come si dice: "Più buia è la notte, più vicina è l'alba". Anche nelle giornate di pioggia, se c'è qualche piccolo spiraglio tra le nuvole, è proprio all'alba o al tramonto che si può catturare uno splendido arcobaleno.

14

Ci sono diversi indicatori del buon funzionamento del sistema immunitario, in un soggetto sieropositivo. Il primo è la carica virale, che misura quanto la malattia si è diffusa nel sangue. Il secondo è il conteggio dei cd4, gli anticorpi recettori cui si lega il virus dell'HIV. In un individuo sano possono variare tra i 500 e i 1600. I miei cd4, a ogni prelievo, altalenavano tra i 600 e i 900, insieme a una carica virale irrilevante. Tutti valori che segnalavano come il corpo stesse riuscendo a tenere sotto controllo la situazione.

Non era semplice sottoporsi ai controlli. Ogni volta andavo in paranoia, non tanto per il prelievo in sé quanto per il ritiro dei risultati. Era come ricevere, periodicamente, una sentenza di vita o di morte. Poi c'era il problema di diventare una possibile "notizia": "E se qualcuno mi riconosce?".

Il reparto di malattie infettive era sempre affollato di persone smarrite, quando non terrorizzate o palesemente malate. Avevo preso la precauzione, concessa dalla legge, di farmi registrare in ospedale mantenendo l'anonimato. La mia cartella clinica è ancora oggi intestata a un "anonimo maschio". Ogni volta che dovevo farmi prelevare il sangue, per non trovare lunghe file, mi alzavo all'alba, praticavo con grande serietà e portavo sempre con me qualche rivista buddista per tenere la mente occupata. Una mattina, mentre stavo leggendo, in attesa che apparisse sul display il mio numero, mi sentii chiamare:

«Antonello, come stai?»

Era Carlos, con sincronismo mistico anche lui lì quella mattina, nello stesso ospedale, per sottoporsi al controllo bimestrale. Nel frattempo, da seminarista era diventato sacerdote. Aveva preso i voti con un po' di ritardo perché vittima, in seminario, di un pettegolezzo di omosessualità – usò proprio il termine "pettegolezzo" –, e soprattutto perché nel giro di pochi mesi gli erano apparse delle lesioni di sarcoma di Kaposi. Si era curato con la chemioterapia e la cosa sembrava funzionare, anche se i capelli gli stavano ricrescendo di un grigio un po' fosforescente.

Era piuttosto a disagio e in imbarazzo per avermi incontrato proprio lì, dove i risultati delle analisi emettevano fatidici verdetti, e cercava forzatamente di fare il simpatico, come se fra noi non fosse successo niente di particolare. Poi fu chiamato per la visita. Era raccomandato, e questo gli consentiva di saltare la fila.

Credo che quello sia stato l'unico momento in cui l'ho sinceramente odiato. Ci siamo visti soltanto un altro paio di volte: una sera a cena in un ristorante e un pomeriggio a casa mia. In quell'*ultima cena* mi regalò il Catechismo della Chiesa Cattolica, un grosso tomo con tanto di dedica autografa di papa Giovanni Paolo II. Non ho mai letto per intero quel libro, assemblato se non sbaglio sotto la supervisione di Joseph Ratzinger, allora Prefetto della Congregazione della Dottrina della Fede, se non per i passi riguardanti l'omosessualità. Avevo passato troppi anni a torturarmi con inutili sensi di colpa e ora volevo capire perché.

In particolare, l'articolo 253 recita così:

Appoggiandosi sulla Sacra Scrittura, che presenta le relazioni omosessuali come gravi depravazioni, la tradizione ha sempre dichiarato che "gli atti di omosessualità sono intrinsecamente disordinati". Sono contrari alla legge naturale. Precludono all'atto sessuale il dono della vita. Non sono il frutto di una vera complementarietà affettiva e sessuale. In nessun caso possono essere approvati.

La dottrina cristiana si rivolge ai fedeli, ma in un Paese come il nostro ha il potere di influenzare le leggi, il modo di pensare e i comportamenti delle persone. Crea un contesto culturale colposo che si traduce in leggi dello Stato.

Il primo punto su cui non mi trovo d'accordo è quello che definisce le relazioni omosessuali come contrarie alla legge naturale. Questo è l'errore strutturale che genera il problema. Già l'americano Kinsey, biologo e sessuologo, negli anni Cinquanta aveva dimostrato che il 6-8 per cento della popolazione umana, uomini e donne, è omosessuale. Questo è un dato antropologico, e se un fenomeno esiste in natura è naturale.

Poi, negli ultimi trent'anni, studi compiuti in tutto il mondo hanno dimostrato che l'omosessualità è presente in praticamente tutte le specie animali, nelle scimmie bonobo, negli elefanti, nei mammiferi marini, nel bisonte americano, nel cane, nel gatto, nelle giraffe, nei piccioni, nei pinguini, in alcuni tipi di rane che cambiano sesso quando le femmine, che assicurano la continuazione della specie, sono in numero troppo ridotto. C'è un piccolo pesce caraibico, transgender di natura, il *Serranus tortugarum*, che cambia sesso anche venti volte al giorno, un'autentica *pazza*. Alcuni conservatori si ostinano ancora a negare l'evidenza di queste ricerche. Scienziati nel campo spiegano, invece, che il ritardo con cui questi studi sono stati condotti dipende dal fatto che le commissioni governative non avevano mai finanziato ricerche di questo tipo perché considerate "cose da pervertiti".

L'omosessualità, quindi, è naturale e generi maschile e femminile si possono mischiare in natura in infinite sfumature. Casomai continuare a sostenere il contrario, alla luce dei fatti, è un punto di vista ridicolo, di cui rideranno le generazioni future, come noi adesso sorridiamo di quando, ai tempi di Galileo, la Chiesa sosteneva, *in base alle scritture e alla tradizione*, che la Terra fosse piatta.

Un altro passaggio che mi urta particolarmente i nervi è quello in cui si sostiene che questi atti sono "intrinsecamente disordinati". Grazie al cavolo! Per non dire di peggio. Ma ti credo! Se ti viene detto dalla società, dall'ambiente in cui cresci, che sei un "frocio", una specie di mostro, che sei nel peccato, che sei "diverso", è chiaro, per la legge dei grandi numeri, che qualcuno vada fuori di testa e manifesti patologie, nevrosi, complessi, isterismi e comportamenti, appunto, giustamente disordinati.

Nel Medioevo il reato di sodomia era punito con la morte. Durante il nazismo gli omosessuali venivano inviati ai campi di sterminio con gli ebrei, i portatori di handicap e i rom. Per centinaia di anni abbiamo sopportato oppressioni e discriminazioni. La società italiana ha continuato, e continua, a grondare omofobia in televisione, nella commedia cinematografica, nell'informazione e nelle barzellette. Del "finocchio" ancora si ride, ci si dà di gomito e lo si contempla come fenomeno folkloristico durante i pride. Alcuni, presi da fervore progressista, arrivano a dire: "Io non ho niente contro i gay, pensa che sono amico del mio parrucchiere e l'ho persino invitato a cena", come dichiarò tempo fa Lady Mastella, la donna che fa il bagno in una piscina a forma di cozza. Si legge ancora sui giornali di "delitti maturati negli ambienti gay", come se l'ambiente gay di per sé fosse un albero disgraziato su cui crescono fiori del male e spuntano frutti velenosi. Provate a fare la stessa cosa con uno dei tanti femminicidi nostrani; non vi suonerebbe strano leggere "delitto maturato in ambienti eterosessuali"?

Come può mai sentirsi una persona che viene stigmatizzata in questo modo? Ogni volta che senti una battuta, una risata, un commento o un giudizio, anche se è detto così, in generale, alla fine ti convinci che sia rivolto a te, che quelle parole siano state dette per canzonare proprio te. A maggior ragione se cerchi di tenere nascosta la cosa. Quando vivi in un ambiente del genere, è inevitabile, prima o poi, interiorizzare questo pregiudizio, e alla fine ti convinci in prima persona di essere diverso, di essere in qualche modo sbagliato. Te lo tieni per te, come un peso continuo o, se sei cresciuto in parrocchia, come un peccato da espiare.

Provo dolore quando sento di adolescenti che si tolgono la vita a seguito di episodi di bullismo, provo dolore perché li capisco. Non si tratta di debolezza o di ipersensibilità. Gli psicologi dicono che nella formazione dell'identità, oltre alle caratteristiche naturali della persona, gioca un enorme ruolo l'influenza del contesto sociale e culturale in cui si cresce. È noto che il carattere si formi nei primi tre anni di vita. Le prime grosse influenze sono quelle della madre e della famiglia. Poi, appunto, conta la società dove ti sviluppi. È molto diverso crescere a Roma, a Udine, a Kabul o a West Hollywood. Tutti, come animali sociali, ci confrontiamo con il comportamento del branco a cui cerchiamo di assomigliare o dal quale prendiamo le distanze. Per chiunque, scoprire di essere gay o lesbica è traumatico. Qualche anno fa ho partecipato a un corso buddista LGBTQ in Germania e, in piccoli gruppi, ci siamo raccontati come lo abbiamo scoperto, e come l'abbiamo presa. È stato illuminante ascoltare da persone di tutta Europa, e di ogni età, dai venti agli ottant'anni, che per ognuno è stata una presa di consapevolezza problematica e spesso dolorosa. Il meccanismo che scatta nel pensiero è più o meno questo: "Ok, sono gay. È una brutta cosa. È una malattia, una cosa che non va bene. Non lo dico a nessuno perché se si viene a sapere in giro potrebbero disprezzarmi".

E così comincia la finzione, la mutilazione della personalità. Vivi, ma hai sempre la sensazione che la vita che stai vivendo non sia la tua.

Per non parlare dei Paesi che prevedono per l'omosessualità pene gravi, fino alla morte. Come può sentirsi un gay islamico, africano o russo se pensa di rischiare la pelle esprimendosi per quello che è?

Grazie all'impegno di tante persone le cose sono cambiate anche nel nostro Paese, ma si consideri che soltanto nel 1993, quando io avevo già trentun anni, l'Organizzazione Mondiale della Sanità ha cancellato l'omosessualità dalla lista delle patologie. Ora, persino in Italia, abbiamo una legge che regolamenta le unioni civili. Una legge fra le più antiquate d'Europa! E ottenuta con gran fatica. Ma è già qualcosa. Grazie eh, di averci dato il permesso di essere ciò che siamo!

Col buddismo ho compreso che, seppur indispensabile, l'uguaglianza sociale non guarisce automaticamente le ferite interiori. Solo l'uguaglianza e la percezione della vera dignità dentro il cuore metteranno fine al pregiudizio. La libertà di essere se stessi va conquistata con coraggio. Se vogliamo che la società e l'ambiente intorno a noi cambino per sempre, devo cambiare io in prima persona, devo realizzare una rivoluzione interiore.

Nel buddismo si parla di "libertà assoluta" come condizione vitale che non teme catalogazioni e giudizi. Per raggiungere tale libertà bisogna tirare fuori il coraggio di essere se stessi. Per questo è necessario sfoderare una libertà coraggiosa. È il solo modo di trasformare profondamente la società. Come dice Nichiren Daishonin:

Attraverso l'esempio di una persona tutti gli esseri viventi diventano uguali.

E, come spiega magistralmente Ikeda:

Il buddismo sostiene l'equità e diffonde il supremo umanesimo. Tutti gli esseri umani sono uguali e hanno uguali diritti. Non c'è nessuna differenza nella loro dignità intrinseca. Dunque non importa cosa nella vita uno si trovi ad affrontare, quello che conta è vivere con orgoglio, fiducia e coraggio. Il buddismo ci rende capaci di tirare fuori al massimo la nostra innata, splendente umanità e ci permette di manifestarla attraverso il nostro comportamento naturale, senza finzioni, come esseri umani sinceri e genuini.

È stato nello sforzo di provare a fare del mio meglio, nei piccoli impacci del quotidiano, per cercare di sostenere amici in difficoltà, che sono riuscito a creare valore, in un aspetto della vita che per "cultura e tradizione" era considerato qualcosa di cui avrei dovuto vergognarmi.

Mi ci sono voluti dieci anni a capire che ero gay, altri dieci a comprendere che non c'era niente di male, ancora altri dieci per dirlo a tutte le persone dei miei ambienti. Che senso ha perdere tutto questo tempo? C'è ancora molto lavoro da fare. Vorrei sinceramente evitare a chi è giovane adesso la stessa mutilazione della personalità che in molti abbiamo dovuto fronteggiare. Mi piacerebbe che le future generazioni non dovessero affrontare le difficoltà della mia. La vita già non è semplice di per sé. Perché complicarla ulteriormente? C'è ancora da ottenere, e urgentemente, una legge contro l'omofobia, per cui l'insulto di genere costituisca un'aggravante come per il razzismo. Per gli altri animali l'omosessualità non è un problema. L'unica specie vivente che manifesta ancora patologie omofobe è quella umana. E poi rimane da combattere una radicatissima transfobia, che costringe chi ha deciso di cambiare sesso a lavori marginali o, per necessità, a prostituirsi.

C'è, inoltre, la questione della dignità spirituale. Chi lo ha deciso che un legame omosessuale sia meno spirituale e profondo di quello sancito da un sacramento tradizionale? Parlando nel concreto, a chi sente il bisogno di rimarcare continuamente che le relazioni omosessuali non potranno mai essere identiche a quelle eterosessuali perché non predisposte alla procreazione, io sento il dovere di rispondere che questo è un altro insopportabile pregiudizio da combattere. Tutte le persone devono poter scegliere se riprodursi o meno nei limiti delle tecniche riproduttive messe a disposizione dalla natura o dalla scienza. Chi decide a chi può essere affidato o meno un bambino? Il giudice oppure lo psicologo. Di certo non una religione che, in tema di minori, farebbe meglio a tacere, per vergogna e un briciolo di dignità.

Studiando e viaggiando mi sono reso conto che quasi tutte le religioni sono alquanto in difficoltà sul tema della sessualità, ma l'esperienza personale mi suggerisce che l'ossessione del mondo cattolico per tali questioni dipenda da un problema squisitamente interno. Studiando antropologia, peraltro, ho riscontrato che in molti culti, antichi e moderni, il ruolo dello sciamano, del prete, del *maître* di cerimonia, è spesso incarnato da un soggetto dal *gender* incerto. Sarebbe interessante approfondire il fenomeno per capirne le ragioni. Non lo faranno mai, le percentuali sarebbero imbarazzanti. C'è sempre un motivo per cui la vita manifesta se stessa proprio in quella forma. Per me, cambiare religione è stata una necessità di sopravvivenza di cui vado estremamente orgoglioso, *proud*, come si dice in inglese. Grazie a questo ho ricominciato a respirare.

Mi permetto, a questo punto, di dare solo un piccolo suggerimento a chi si ostina a voler ancora etichettare le persone in base alle preferenze sessuali.

Se pensi che il sesso sia una cosa sporca, làvatelo!

15

Da qualche anno a questa parte per un gay single che non vuole rimanere tale ci sono a disposizione innumerevoli applicazioni per cellulare, videochat e siti dedicati, oltre ai tanti locali che sono stati aperti in quasi tutte le regioni d'Italia.

Quasi perché in Friuli, per esempio, c'è ancora qualche difficoltà, mi dicono. Mi è capitato di conoscere in giro per l'Europa diversi figli della mia terra che sono dovuti emigrare per vivere un po' di normalità. Adele, per esempio, fa la cameriera in un ristorante di Londra, Franco il pasticcere a Madrid: non ne poteva più di essere canzonato e chiuso nell'armadietto di scuola, e poi a casa malmenato da suo fratello e da suo padre, che si vergognavano di avere in famiglia un *fenòli*, come si dice ancora in friulano stretto, spettegolando dietro le imposte delle finestre. Dopo la chiusura di una discoteca gay-friendly a Trieste, i friulani per rimorchiare vanno in Croazia, a Padova o a Vienna. In un locale di cruising in Austria ho conosciuto un frate del Triveneto che aveva provato a fondare un gruppo di gay cattolici, prontamente chiuso, mi raccontava, da due emissari dell'Opus Dei – che alcuni maligni chiamano Opus Gay – inviati da Roma. Ma erano altri tempi, altri papi. Adesso di fronte a questi rigurgiti di Medioevo possiamo sempre rispondere con papa Francesco: "Chi sei tu per giudicare?".

Per fortuna la vita è un fenomeno misterioso, complesso e imprevedibile, e permette sempre nuove possibilità. Basta decidere che tipo di persona si vuole essere e mettersi in gioco.

Passati molti mesi di embargo sessuale dopo lo choc dei due sacerdoti e del seminarista Carlos, avevo ricominciato a uscire, saltuariamente, di sera per locali, prendendo ovviamente tutte le precauzioni del caso.

Avevo letto un articolo su una rivista buddista in cui si parlava di sentimenti. Si sosteneva che tutti incontriamo le persone a seconda del nostro karma e dello stato vitale che stiamo abitando.

Avevo notato, in effetti, che era molto improbabile incontrare l'amore della vita frequentando una sauna gay, un parco o una dark room. Non tanto per il luogo in sé, quanto per lo stato vitale che si vive frequentando questi posti. Se esco di casa perché desidero fare sesso, molto probabilmente sarò più in contatto col mio stato di animalità e quasi di sicuro attirerò e incontrerò persone sulla mia stessa lunghezza d'onda. Si possono passare una decina di minuti piacevoli, ma già al secondo incontro, qualora ci sia stato uno scambio di numeri di telefono, scopri che non hai niente in comune, e restare single rimane ancora l'opzione migliore.

Fatto sta che "andando a caccia", nel secolo scorso, avevo collezionato una lunga serie di incontri fallimentari. Se uno mi piaceva, in genere io non piacevo a lui. Se uno si innamorava di me, trovavo sempre qualche difetto e cercavo di scomparire. Inoltre, la mia tendenza a cercare di compiacere gli altri per farmi volere bene mi cacciava spesso in situazioni imbarazzanti, spiacevoli o pericolose. L'allenamento di anni e anni passati a recitare parti in teatro mi portava istintivamente a diventare l'oggetto del desiderio del mio interlocutore fino a provare piacere per il piacere che provava l'altro.

Il problema è che anche l'altro è in balia delle proprie tendenze e del suo stato vitale in quella occasione, in genere uno dei quattro più bassi, cioè l'avidità, l'animalità, la collera o l'inferno.

Il risultato era che attiravo prevalentemente persone come me, non risolte e inquiete. Quando si è alla ricerca di affetto, l'errore più comune che si fa è proiettare sulla persona che si incontra tutto il bene che senti o credi di meritare. Se a quel punto ti innamori è una vera tragedia, perché tendi a vedere solo i pregi, che magari l'altro neanche ha, e tralasci tutti i difetti, in genere evidenti al mondo intero tranne che a te.

È così che incontrai Roberto, un giovane umbro simpatico e discotecaro. Non era bello, ma il fatto che conoscesse tutta la fauna del Muccassassina, la discoteca gay del venerdì romano, me lo fece subito sembrare interessante. Uscii un paio di volte insieme a lui, mi piaceva e ammiravo la sua totale mancanza di inibizioni. Forse la invidiavo perché ritenevo di aver speso gran parte della gioventù a lavorare e studiare invece di divertirmi, e provavo un sentimento di rivalsa verso la vita *by night*, come se mi dovessi rifare per quello che non avevo vissuto, pareggiando così i conti con il passato.

Roberto era solo lo specchio in cui vedevo qualcosa che non avevo risolto, ma allora ancora non lo avevo capito. Il fatto che mi investisse di attenzioni mi lusingava. In effetti non capivo proprio niente. L'empatia che metteva in atto mi appariva assolutamente sincera, anche quando mi cacciò un pezzo di una pasticca in bocca rubandomi un bacio. Di fronte al mio stupore, pieno di preoccupazione, disse:

«Tranquillo, è solo un quarto. Dimmi se ti piace.»

Non avevo capito che si trattava di un frammento di ecstasy. Entrai presto nel ritmo della danza, delle risate, delle intese, con la novità, interessante per un imbranato come me, che quella sera avrei potuto fare sesso con chiunque, lì nel locale. Non ero a conoscenza del fatto che negli ultimi anni era cambiato il divertimento notturno.

Il giorno dopo la mia mente era del tutto assorbita dalla voglia di rivederlo.

Caso volle che perdessi il suo numero di telefono. Lui era di Perugia e sarebbe stato assai improbabile riuscire a rintracciarlo. Mi misi a recitare Daimoku per rivederlo, e un paio di giorni dopo, con mia grande sorpresa, all'alba, in un parco della capitale mi imbattei di nuovo in lui.

«Allora non è un caso se ci siamo conosciuti!» gli dissi.

«Ti va se andiamo a casa mia? O meglio, sto a casa di amici e mi fa piacere se vieni con me» mi disse lui.

Non mi feci pregare e andai in quell'appartamento di studenti, ma la sorpresa più grande fu quella che mi aspettava al risveglio, quando sul comodino di Roberto trovai un libretto di Gongyo.

«Ma dài! Pratichi pure tu?»

«Sì» mi rispose.

«E hai pure il Gohonzon?»

«Certo, a Perugia.»

Non poteva essere altro che un segno del destino, o un beneficio delle mie preghiere buddiste! Non solo lo avevo ritrovato in appena due giorni, cosa assai improbabile visto che vivevamo in due città diverse, ma era anche buddista come me, e questo voleva pure dire qualcosa.

Il destino però – il karma, come lo chiamo adesso – talvolta gioca brutti scherzi agli amanti.

Me ne accorsi una settimana dopo. Il mio pensiero era fisso su di lui, ci pensavo giorno e notte, al punto da lavorare distrattamente e trascurare la pratica buddista.

"Che strano, devo essere proprio innamorato, non penso ad altro" dicevo tra me e me.

Lo invitai a cena a casa mia. Preparai un menu con i migliori piatti che sapevo cucinare, feci la spesa e iniziai i preparativi.

Peccato che lui non arrivò mai.

Peccato che il suo cellulare fosse sempre staccato.

Peccato che un comune amico buddista mi raccontò la verità per quella che era.

Roberto non era buddista, non aveva mai praticato, non aveva mai ricevuto il Gohonzon. Forse aveva mentito per compiacermi.

E in più aveva sviluppato una grave dipendenza da ecstasy: mai meno di tre, quattro pasticche a serata quando andava a ballare.

No, questa cosa non andava bene per la mia vita, questa cosa non era sana, questa storia mi aveva ossessionato perché *avevo voluto* farmi ossessionare. Sono le errate aspettative che abbiamo negli altri a rendere spesso le relazioni insopportabili. Ma gli altri che colpa hanno delle nostre aspettative su di loro?

Ricordo che andai davanti al Gohonzon per riprendermi dallo choc. Mi misi a leggere intensamente il Sutra, con l'intenzione di troncare subito questa follia: visualizzai, ricordo, proprio un'accetta che taglia di netto qualcosa.

Improvvisamente, un botto sordo dentro casa. Non so come, non so perché, lo scaldabagno si era spento e perdeva acqua da un lato.

Chiusi di corsa tutti i rubinetti di sicurezza con la netta sensazione che quel pomeriggio stessi facendo una pulizia profonda del karma sentimentale. Ricordandomi di quell'abbaglio, forse in futuro non avrei commesso lo stesso errore.

Qualche settimana dopo venni a scoprire che Roberto faceva l'infermiere per pazienti psichiatrici, che sua madre stava morendo di cancro, e che la famiglia di sua sorella aveva avuto un grave incidente stradale in cui l'unico sopravvissuto era stato il cognato, rimasto paralizzato.

L'amico comune mi spiegò che temeva potesse togliersi la vita, per cui mi applicai, rimuovendo ogni rancore o rivendicazione, nel telefonargli qualche volta, per farlo parlare, per farlo ridere un po', impegnandomi a fondo, in lunghi cazzeggi, per stabilire un legame anche solo con la voce, mettendo da parte ogni coinvolgimento emotivo personale, affinché mantenesse un rapporto saldo con la vita.

Lo scaldabagno riprese a funzionare regolarmente, come se non fosse mai successo nulla, e l'idraulico chiamato per una verifica non riuscì a dare alcuna spiegazione tecnica dell'accaduto.

Fu così che decisi di pregare un po' anche per la mia sicurezza e per circondarmi finalmente di persone di valore con cui condividere cose più profonde di una risata o qualche sporadica ora di sesso.

Qualche settimana dopo incontrai, sulla spiaggia gay nei pressi di Roma, Van, un giovane palestrato americano dell'Ohio, studioso di cinema e letteratura italiana. Aveva appena pubblicato un libro su Pasolini e, davanti a un sereno tramonto rosa, mi citò alcuni versi del mio illustre conterraneo d'adozione:

La mia indipendenza, che è la mia forza,
implica la solitudine, che è la mia debolezza.

Avevo finalmente un trombamico sano di mente, con cui condividere la passione per le arti, i viaggi, il cibo italiano e le problematiche LGBTQ. Insegnava all'università e non indossava di nascosto abiti talari. Non avrebbe mai preso i voti ma li avrebbe dati per lavoro. E così continuammo a vederci. Ogni anno Van faceva un viaggio di aggiornamento in Italia e, se passava per Roma, ero felice di poterlo ospitare per fare un po' di sano autogossip sulle nostre vite sessuali. Somigliava vagamente a Bill Clinton da giovane e quando si cimentava con l'italiano aveva un divertente accento americano, che mi ricordava Paperino dei cartoni animati o Stanlio nei doppiaggi di Mauro Zambuto ai tempi in cui a doppiare il compare Ollio era Alberto Sordi. Irresistibilmente colto e leggero, Van costituiva una rarità tra i gay che mi era capitato di frequentare.

«Non è possibile che tu non sei mai stato in America. Vieni estate prossima a Saint Louis per stare da me. Ho ottenuto una *position* per insegnare a Columbia. Andiamo a visitare mio amico Scott a Chicago e mi aiuti a fare trasloco» mi disse senza secondi fini prima di partire per ritornare a casa. In effetti l'idea di un viaggio mi solleticava parecchio. Non amo viaggiare da solo e il fatto di avere un punto di riferimento, anche se fra i campi di mais transgenico del Missouri, non mi dispiaceva affatto.

Il lavoro era impegnativo ma andava bene, era gratificante sotto tutti gli aspetti. Ero riuscito a inserire nel poco tempo libero la giusta quantità di attività buddista per garantirmi uno stato vitale sempre alto. La salute continuava a non destare preoccupazioni. Ero insomma nella condizione ideale per prendermi una lunga pausa all'estero.

Ci sarei andato proprio quell'estate, pensai. Quella primavera avevo accettato di far parte dello staff organizzativo di un corso nazionale per i coordinatori delle attività buddiste che si sarebbe tenuto in Toscana. Mi dovevo occupare insieme ad altri del *rooming*, ossia di abbinare i partecipanti al corso all'interno delle stanze nelle varie strutture alberghiere che ci ospitavano. Si trattava di ricevere fino a notte fonda le liste delle adesioni provenienti da tutta Italia, cercando le soluzioni più appropriate per età o segnalare esigenze particolari come disabilità, allergie alimentari o altro.

Per me, che avevo già la sveglia che suonava impietosa ogni mattina alle 5:30 per la diretta del Ruggito alla radio, si trattava di uno sforzo straordinario. E la mia preoccupazione era di avere comunque una buona energia alla radio il giorno dopo, cosa per cui pregavo risolutamente:

"Gohonzon, mi sto sforzando al massimo per fare attività buddista, per favore, facciamo in modo che il mio stato vitale non vacilli. Pretendo che gli *shoten zenjin*, le funzioni protettrici dell'universo, oggi mi aiutino a creare un ambiente favorevole per fare bene il mio lavoro anche se non ho dormito a sufficienza."

Era un piccolo azzardo nei confronti della mia salute. Sapevo che sforzi o stress prolungati potevano danneggiare l'equilibrio del sistema immunitario. Il responsabile giapponese che avevo incontrato a Firenze, nella sua guida nella fede, si era molto raccomandato di agire con saggezza in tal senso. Secondo le statistiche sul decorso della malattia era giunto il tempo in cui avrei potuto cominciare ad avere i primi sintomi, come stati febbrili, debolezza, ingrossamento dei linfonodi. Pensai però che per un paio di settimane, un tempo comunque limitato, avrei potuto testare il mio corpo senza rischiare eccessivamente, mettendomi alla prova come in una sorta di esperimento buddista.

Volevo proprio vedere cosa poteva succedere a un corpo che si dedicava allo scopo della pace mondiale. Così riuscii a portare avanti tutte insieme le cose che mi ero prefissato, ascoltando con attenzione il corpo per capire fino a che punto era ragionevole proseguire con lo sforzo. E, al momento giusto, arrivò il fine settimana, il momento di riposarmi.

Uno dei miei problemi, però, è che ho sempre avuto uno spiccato senso del dovere, che mi fa accettare qualsiasi mansione senza risparmiarmi.

Così, proprio in quelle due settimane di sforzo straordinario, capitò che durante il mio turno di attività domenicale Oscar mi chiedesse, a fine giornata, di accompagnare alla stazione Tiburtina tre persone provenienti da un corso in Francia, che dovevano tornare a casa, in Puglia.

Ero in piedi dall'alba, avevo fatto attività tutto il giorno, avevo mangiato qualcosa al volo, ero stanco, era buio, mi facevano male i piedi e avevo solo voglia di tornare a casa, cenare con un po' di zuppa calda e buttarmi a letto per essere in forma la mattina dopo per la radio.

Il primo pensiero fu: "Ma perché devo fare tutto io? Non penserete davvero che possa salvare il mondo da solo? Potreste chiedere a qualcun altro. Sono un coglione a dire sempre di sì".

Il pensiero successivo, invece, fu: "Questi giovani hanno viaggiato tutto il giorno in pullman dalla Francia dopo tre giorni di corso. Saranno stanchi morti, e ora dovranno viaggiare tutta la notte per essere magari al lavoro domani mattina. Li accompagnerò senz'altro alla loro corriera e voglio anche farlo con allegria. Se non fossi nelle condizioni, Oscar non me l'avrebbe chiesto".

Li portai alla stazione, guidando con estrema attenzione e conversando con loro. Erano due ragazzi mori e con loro c'era Elena, una giovane magra e con un grosso paio di occhiali. Arrivato in anticipo al capolinea delle corriere per il Sud acquistai dei pezzi di pizza al taglio e qualche bibita affinché avessero qualcosa da mangiare durante il viaggio. Mi ringraziarono con affetto, invitandomi ad andarli a trovare.

Un paio di settimane dopo, facendo il mio controllo bimestrale, riscontrai con grande sorpresa un valore ottimale di anticorpi cd4 nel mio sangue: ne avevo ben 1250 per millimetro cubo, e senza assumere alcuna terapia.

Bene, bene, era proprio vero, pensai, che niente di ciò che si offre con gioia nell'ambito della fede buddista viene perduto. Era incoraggiante riscontrare nei risultati delle analisi che il corpo aveva seguito gli ordini della mente, rivitalizzandosi. Quell'estate, mi dissi, sarei davvero andato a trovare Van a Saint Louis in America. Perché chissà se avrei avuto altre occasioni.

16

Quando si impara a gestire la mente e a mantenere alto lo stato vitale, cambia la vita. La pratica buddista diventa una meravigliosa e comoda tavola da surf sulla quale avanzare scivolando sulle onde della giornata. Naturalmente, ci vuole un po' di tempo perché la cosa funzioni nel concreto. Ore e ore di preghiera, alternate a periodi di dubbio e sfiducia, non aiutano la stabilità. Molto meglio fare, con regolarità, il giusto – e ognuno sa cosa è giusto per sé.

Col passare del tempo impari a non ripetere sempre gli stessi errori. Di fronte a uno stimolo esterno che va a toccare, o meglio a ferire, una tua sensibilità, impari a reagire in modo meno istintivo e a prendere decisioni nuove. È anche questa la "rivoluzione umana" da compiere dentro se stessi di cui parla Ikeda. E ogni singola persona ha la sua preziosa diversità e i suoi particolari aspetti interiori da migliorare. Per questo il Budda Shakyamuni, duemilacinquecento anni fa, nei suoi cinquant'anni di predicazione ha dato tanti consigli diversi. Per incoraggiare ogni discepolo diceva una cosa differente, perché ognuno aveva un problema particolare. Facendo esperienze concrete, basate sulla recitazione del Daimoku, ti cresce dentro, gradualmente, la voglia di sfidarti sempre più nella fede. Si tratta dello stesso metodo e della stessa sfida dei saltatori in alto quando a ogni prova sollevano un po' l'asticella da superare. L'azione di fede che avviene nella mente è un'azione fisica vera e propria, che si può allenare quasi come si allena il corpo in palestra.

All'inizio dei miei esprimenti buddisti avevo letto, in una lettera di Nichiren al prete laico Nishiyama Nyudo, di come la capacità di far piovere grazie alla preghiera fosse considerata una prova della virtù di chi eseguiva il rito e dell'efficacia della dottrina che abbracciava. Ai tempi di Daishonin spesso le dispute tra insegnamenti rivali venivano risolte attraverso vere e proprie gare di preghiera incentrate sull'andamento del meteo.

Così per gioco era capitato anche me di divertirmi a pregare per fare il bello e il cattivo tempo.

In particolare una domenica mattina, nel primo anno di pratica, ero andato in Toscana con un gruppo di amici per fare un'immersione subacquea. Purtroppo, arrivati all'Argentario ci rendemmo conto che c'era troppo vento, e che sarebbe stato poco saggio uscire al largo col gommone. Eravamo parecchio delusi, perché organizzare un'immersione è una cosa faticosa e rinunciarci, dopo aver riempito le bombole, essersi alzati all'alba, aver viaggiato per ore e trasportato la pesante attrezzatura, è molto frustrante. Mi sedetti su uno scoglio e, guardando il mare, iniziai a pregare – con una riservatezza tutta mia, a voce alta – affinché il vento diminuisse almeno un po'.

"Certo, se non succede niente" pensavo, "farò una gran brutta figura e la farò fare a questo insegnamento. Tentare però non mi costa nulla. I miei amici mi conoscono da una vita e mi hanno visto fare molto di peggio."

Mi misi a recitare con grande serietà, e molto concentrato, per qualche decina di minuti, fissando un punto sulla linea dell'orizzonte. Il suono della voce si mischiava a quello del vento, con grande tranquillità, come se fossi in confidenza col mare e gli stessi parlando, sentendomi perfettamente a mio agio e parte di quel momento.

Sono una persona fortunata, perciò il vento diminuì di parecchio permettendoci di fare la nostra immersione, che fu particolarmente emozionante nei pressi dello scoglio del Monaco.

Mi avevano spiegato che, risalendo da sott'acqua con le bombole, per prevenire embolie gassose era necessario espellere continuamente l'aria che si espande a causa della diminuzione di pressione.

Presi così l'abitudine, mentre ero sotto, di recitare continuamente, sia per vincere le paure e calmarmi, sia per aumentare la capacità polmonare. Avevo già notato che nuotando riuscivo adesso a prendere fiato ogni otto bracciate invece che ogni quattro o ogni sei. La cosa divertiva i miei compagni di immersione, e sembrava anche non dispiacere ai pesci.

Ricordo che, prima dell'esame di immersione notturna, ero decisamente in ansia, cosa per niente buona, perché quando si è ansiosi si respira male e si consuma una quantità maggiore di aria dalla bombola. Per quanto recitassi sottovoce non ce la facevo a sentire come normale immergermi in quel mare nero. Si riusciva a vedere solo ciò che entrava nel cono di luce delle torce elettriche.

Io indossavo un'attrezzatura tra le più appariscenti in commercio, con un giubbotto ad assetto variabile giallo canarino, tubature degli erogatori arancione e pinne extralarge verde fosforescente che mi facevano sembrare una gigantesca, orribile aragosta aliena.

Appena entrato in acqua e sceso di qualche metro, si presentò subito un contrattempo: pinnata in faccia sulla maschera da parte di un compagno di immersione, bevuta di acqua salata e vie aeree intasate.

In quella occasione apprezzai molto l'autocontrollo respiratorio acquisito tramite l'esercizio buddista. Mi consentì infatti di mantenere la calma, compiere le procedure per svuotare naso e maschera dall'acqua imparate in piscina e riprendere, con relativa calma, l'immersione insieme agli altri.

Dopo una certa profondità gli oggetti perdono colore, e tutto, pesci, scogli e persone, prende le sfumature del blu.

In notturna però, grazie alla luce delle torce, puoi vedere le cose per come sono, con il loro vero colore.

Quella notte incontrammo tanto corallo rosso, sempre più raro nei nostri mari, foreste di gorgonie, stelle marine e scogli fioriti di anemoni. Da un buco nella parete spuntò un polpo vanitoso, per niente spaventato dalla nostra presenza. Iniziai a parlare con una grossa cernia come se ci conoscessimo da sempre.

Quando prego cerco di essere me stesso, con semplicità e sincerità. Si dice che san Francesco riuscisse a parlare con gli animali e col tempo mi sono convinto che, se ti rivolgi agli animali direttamente, loro in qualche modo lo sentono. Se è vero che Nam-Myoho-Renge-Kyo è la Legge dell'Universo e permea ogni aspetto della vita, invocarla avrà effetti nell'ambiente circostante, sia con gli esseri senzienti che con quelli non senzienti. La stessa cosa mi è successa più recentemente con alcune famiglie di delfini nell'atollo polinesiano di Rangiroa. C'erano una decina di barche di turisti, ma quando mi sono messo a pregarli di farsi vedere e fotografare i delfini si sono messi a girare solo intorno alla nostra. I pescatori stessi erano molto sorpresi dalla cosa. Se la voce usata in questo modo mi permette di dialogare con un animale selvatico, dovrebbe fare lo stesso con un altro essere umano. Dovrebbe.

Certo, quello che accadde una mattina fu davvero molto particolare. Ero di squadra per una consegna Gohonzon e il tempo sulla capitale non era certo dei migliori. Il cielo era coperto, di quelle nubi compatte, basse, scure. Avrebbe potuto piovere per giorni. Pregando per la buona riuscita della cerimonia già da quando ero a casa, ricordo che mi voltai a guardare in alto, cercando di visualizzare il Gohonzon nel cielo, come avevo fatto il giorno dell'immersione in Toscana, guardando il mare. Stabilii nel cuore il desiderio fermo, sicuro, che al momento opportuno il cielo si sarebbe sicuramente aperto. Continuai a mantenere quella convinzione guidando la macchina verso il Centro culturale.

Arrivato lì, salutai le *byakuren*, che mi dissero: «Da ieri stiamo recitando perché oggi sia una bella giornata, ci aiuti? Abbiamo ancora un'ora prima che cominci la riunione». Non aspettavo altro. Facemmo Gongyo con la squadra tutti insieme davanti allo *shumidan*, l'altare principale, e ognuno prese posto nella sua postazione, chi al centralino, chi al citofono, chi ai parcheggi, alle sale, ai mixer dei microfoni.

So che non è facile crederci, ma sono sicuro che tutti coloro che quel giorno erano lì ricorderanno che a metà cerimonia smise di piovere e si aprì un tondo di cielo e sole proprio sopra di noi. Una tregua meteorologica che terminò esattamente quando l'ultimo a ricevere quella consegna lasciò il parcheggio del Centro per tornare a casa ad aprire il suo Gohonzon.

Non mi colpisce tanto quando, dopo una preghiera sincera, accade una cosa che ho desiderato. Mi colpisce quando accade dopo che si è dichiarato uno scopo pubblicamente, e non esisteva una ragione razionale per lanciarsi in un'impresa a così alto rischio di fallimento.

Come quella volta, in Francia, quando a bordo della mia nuova macchina io e altri andavamo a Trets per visitare una mostra sul maestro di Toda, Tsunesaburo Makiguchi. Guidavamo sotto la tempesta, anzi guidava Ugo, un compagno di fede della mia squadra della domenica, perché pioveva così tanto che non ero certo di riuscire a tenere l'auto con sicurezza. A bordo c'era anche Veronique, una buddista sua amica della Soka francese, che ci aveva ospitato per la notte a Cannes, e il suo piccolino, nato proprio la notte in cui era deceduto il responsabile europeo della Soka Gakkai Eiichi Yamazaki. Yamazaki, medico, era sempre sorridente e alle riunioni indossava spesso le bretelle e un buffo papillon, che lo rendevano ancora più simpatico. Di lui ricordavo che, durante una sessione di domanda e risposta a Trets, aveva consigliato a una ragazza sieropositiva di recitare tanto Daimoku affinché venisse presto trovata una medicina per curare i malati di HIV. Veronique ci stava raccontando che suo figlio era nato proprio la notte in cui il dottor Yamazaki era scomparso. La cosa di sicuro era una coincidenza, ma aveva notato che il suo piccolino non sapeva ancora parlare, e già si entusiasmava se i genitori recitavano Daimoku, al punto da tirarsi in piedi sulla rete del suo recinto, come per partecipare anche lui.

Cadeva così tanta acqua che la macchina a tratti slittava sull'asfalto, e ci venne naturale recitare Daimoku ad alta voce per la nostra incolumità.

«Certo non è bello fare questo viaggio, così lungo, fino al Centro buddista europeo ed essere accolti dal maltempo!» dissi a un certo punto. «Ora, non pretendo che smetta di piovere, ma almeno un piccolo arcobaleno potrebbe spuntare...!»

Quando arrivammo a Trets non solo smise di piovere ma, alzando gli occhi dopo aver parcheggiato, vedemmo che l'arcobaleno sull'Ikeda Hall, la grande sala che contiene il Joju Gohonzon iscritto per lo scopo della pace in Europa, era addirittura doppio, netto, splendente e vittorioso.

Volendo a tutti i costi essere razionali, ho sempre cercato di trovare una spiegazione plausibile a questi accadimenti. La mente nota la relazione di causa ed effetto solo a posteriori, come nelle quartine profetiche di Nostradamus, che possono essere applicate a qualsiasi momento storico, o come l'oroscopo di Branko, in cui ogni segno può adattarsi a qualsiasi persona – e allora si potrebbe parlare semplicemente di casualità. È pure vero che non è facile spiegare il funzionamento delle onde radio a un aborigeno, o capire il sistema di orientamento delle rotte degli uccelli migratori.

Anche prima di incontrare il buddismo avevo notato una predisposizione ad avvertire le scosse di terremoto qualche istante prima degli altri. Probabilmente lo choc delle scosse sentite in Friuli nell'estate del 1976 mi aveva sensibilizzato. O forse nella mente umana c'è un potenziale non razionale, ancora non del tutto compreso, che riesce in qualche modo a interagire con i fenomeni o a percepirli a un livello più profondo di quanto la ragione sappia spiegare.

Ora, quando questo accade, la cosa suscita meraviglia, così come in passato faceva gridare al miracolo la previsione di un'eclisse totale di sole o veniva attribuita alle arti magiche una guarigione dopo la somministrazione di un infuso a base di erbe. Oggigiorno si parla molto di medicina quantistica, frequenze e magnetismo. Fino a qualche anno fa la psicosomatica cercava di spiegare ogni sintomo. Credo che ciascuna epoca, dai tempi degli sciamani e degli alchimisti, fino ai nostri giorni, abbia dato nomi diversi per tentare di spiegare le stesse cose.

Fatto sta che mi ero gradualmente affezionato all'idea dell'efficacia delle mie preghiere, pretendendo da esse, con molta umiltà, sempre di più. Non ero io che ero bravo, ma era questa preghiera che funzionava e 1250 cd4 erano stati, in quei mesi, una prova concreta assai rassicurante.

17

Pieno di ottimismo e con le analisi a posto partii per il mio primo viaggio negli Stati Uniti d'America.

Il mio amico William Van Watson, questo il suo nome completo, viveva a Saint Louis, in un appartamento che sembrava la casa di uno studente, più che quella di un professore universitario. Aveva solo tre anni più di me, ma questo lo autorizzava a sentirsi in dovere di farmi da fratello maggiore, e così mi indicò le attrazioni turistiche più interessanti, i ristoranti italiani migliori e i locali gay più frequentati e alla moda. Da parte mia cercavo di sostenerlo mentre lavorava, facendogli trovare qualcosa di pronto al suo rientro. Era un piacere frugare nella videoteca di film italiani che aveva in casa o visitare l'ambiente rilassato del campus della Washington University dove insegnava, così diverso, per cura e organizzazione, dalle nostre università.

Viaggiando, avevo anche preso l'abitudine, ogni volta che arrivavo in una nuova città, come prima azione esplorativa, di mettermi in contatto con la Soka Gakkai locale. Mi ero fatto preparare dalla segreteria buddista di Roma una lettera di presentazione che mostravo ogni volta. Cercavo il numero di telefono sugli elenchi e chiamavo per annunciarmi, chiedendo se fosse possibile recitare Daimoku da loro.

E così avevo fatto anche a Saint Louis, lasciando come recapito la casa di Van, nella speranza di essere invitato a un meeting di discussione se ce ne fosse stato uno durante il mio soggiorno in città. Ero curioso di conoscere buddisti di altri Paesi.

Van era un po' "tontolone" come me, forse per questo nel corso degli anni siamo diventati grandi amici. Era un gay solitario, raramente le sue relazioni duravano a lungo. Trascorreva molto tempo in palestra, come tanti gay di oggi, convinto che l'accettazione dell'ambiente passi necessariamente per i bicipiti, gli addominali e i pettorali scolpiti. E lui aveva una passione sfrenata per i quadricipiti altrui.

Mi portò una decina di giorni con sé a Chicago, ospite dal suo amico Scott, che lavorava per una casa farmaceutica, cosa che gli permetteva di vivere in uno splendido *flat* con vista sui grattacieli di *downtown*. Gira voce, infatti, che nelle case farmaceutiche scorrano enormi fiumi di denaro.

In quei giorni Scott era fuori città e ci aveva lasciato il suo appartamento a totale disposizione. La sera era un'autentica pacchia: casa di Scott stava a due passi a piedi dai locali gay di South Side.

Van amava le discoteche affollate e lo strusciare di magliette sudate, io preferivo, da buon represso, strusciare direttamente i corpi in un'affollata sauna multietnica. Venendo da Roma, frequentare la vita gay nordamericana era come visitare Disneyland.

Van, da parte sua, sia a Saint Louis che a Chicago, mi aveva fornito una mappa della città dove, con un evidenziatore, aveva indicato le zone da evitare per ragioni di sicurezza.

«Di sicurezza?» avevo chiesto io. «Perché sono gay?»

«No, perché sei bianco, e in queste zone è meglio che non giri da solo» aveva risposto perentorio lui.

Il consiglio era appropriato, e me ne accorsi una mattina andando a Chicago. Al Centro culturale della città, che avevo cercato di contattare così come avevo fatto a Saint Louis, nessuno aveva risposto al telefono perché il numero che avevo rintracciato sugli elenchi – come poi avrei scoperto – non era aggiornato. A mie spese avevo inoltre imparato che in molte città americane la numerazione dei civici cresce nelle due direzioni opposte della stessa strada rispetto a un viale che le taglia perpendicolarmente nel mezzo.

Così ero andato, a piedi, dalla parte opposta e, naturalmente, mi ero perso, finendo proprio in uno dei quartieri più a rischio. Ovunque guardassi, si respirava disagio sociale, la maggior parte delle case, anche se abitate, versavano in evidente stato di abbandono. Mi sentivo osservato. Perché *ero* osservato. Ero l'unico bianco. Per fortuna quando mi spostavo da solo avevo preso l'abitudine, già dai tempi del viaggio a Haiti, di fare del Daimoku il mio compagno di strada. Recitavo, camminavo e recitavo pregando per gli abitanti della nuova città che stavo visitando.

Era già qualche ora che camminavo e mi sentivo empatico e protetto, comunque al sicuro. Un gruppo di ragazze evidentemente strafatte mi fermò, chiedendomi una sigaretta. Riuscii a familiarizzare amichevolmente con loro, per poi allontanarmi risoluto, al sopraggiungere di alcuni boss locali, degli energumeni decisamente più inquietanti che chiedevano informazioni al mio riguardo.

Preso al volo un taxi provvidenziale, mi feci portare all'indirizzo giusto, solo per scoprire che il vecchio Centro culturale era stato appena demolito e che al suo posto c'era uno spiazzo vuoto fra due palazzi di mattoni rossi.

Tornai a Saint Louis con un forte attacco di asma. Forse a causa dall'aria condizionata, molto abusata negli Stati Uniti, e in particolare in aereo. Quando chiesi alla hostess perché tenessero l'aria a una temperatura così bassa lei rispose seraficamente: «Perché voi passeggeri, altrimenti, puzzate».

Non sapevo a chi rivolgermi. Van nel frattempo era andato per qualche giorno a Columbia per cercare una nuova casa da prendere in affitto. Ero preoccupato, non riuscivo proprio a respirare e non conoscevo la città.

Potevo solo scendere in strada a chiedere aiuto, ma pensavo che mi avrebbero preso per un pazzo o peggio per un tossico. Provai per qualche istante ancora a calmarmi e a usare il Daimoku come esercizio respiratorio per dominare l'ansia crescente. Proprio in quel momento squillò il telefono.

Mi stavano cercando dal Centro buddista di Saint Louis a seguito della richiesta di informazioni inoltrata un paio di settimane prima.

«Ma tu sei Antonello Dose, di Roma, quello della radio...» continuò al telefono una voce di donna, parlando in perfetto italiano. «Antonello, noi ci conosciamo...»

Era Elena, la ragazza pugliese, magra e dai grossi occhiali, che avevo accompagnato solo qualche mese prima alla fermata dei pullman, alla fine di una giornata di attività buddista al Centro culturale di Roma.

Incredibile.

Aveva sposato un marine americano ed era andata da poco a vivere lì a Saint Louis. In meno di mezz'ora passò a prendermi Athena, la responsabile locale delle donne buddiste, e mi portò a casa sua per farmi visitare dal marito medico. L'asma dipendeva da una banale allergia al polline dei campi di mais, che fu risolta con un po' di cortisone.

Così funziona la Legge di Causa ed Effetto. Quando compi un'azione virtuosa e disinteressata, questa resta incisa nella profondità della vita per manifestare il suo effetto al momento opportuno, anche a distanza di tempo, quando serve. Certo, la coincidenza si poteva pure spiegare dicendo che sono una persona molto fortunata, ma ammettiamolo, era già statisticamente assai improbabile reincontrare Elena, che avevo visto una sola volta a Roma, e lo era ancora di più che Elena apparisse al momento giusto, proprio lì in America, per aiutarmi a risolvere un problema. Credo che sia anche per questo che Nam-Myoho-Renge-Kyo viene definita Legge Mistica.

Athena era una donna greca energica ma elegante, con alle spalle alcuni gravi problemi ginecologici. Per incoraggiarmi mi raccontò la sua esperienza. Aveva recitato con tale forza per risolvere i suoi disturbi senza affrontare un'operazione, che alla fine le erano tornate le mestruazioni. E aggiunse, con gli occhi che le brillavano di convinzione:

«Devi stare bene in salute, Antonello. Devi aiutarmi. Sai che in Grecia, per l'opposizione delle autorità, non è possibile consegnare Gohonzon ai membri. Devi stare bene in salute perché devi venire con me a realizzare Kosen Rufu, e diffondere gli insegnamenti di Nichiren Daishonin in Grecia!»

Mi fermai con loro a pranzo, conversando di buddismo, politica internazionale e arte.

Proseguii le mie vacanze a Los Angeles dove la Soka Gakkai aveva diversi Centri culturali. Uno era abbastanza vicino al quartiere gay. Aveva costruito, invece, un intero palazzo a Santa Monica, che mi fu fatto visitare dal responsabile della struttura, un gentilissimo signore giapponese di mezza età. In ogni città dove riuscivo a conoscere dei buddisti, facevo sempre la stessa domanda:

«Esiste qui un gruppo di buddisti LGBTQ?»

Puntualmente mi rispondevano di sì, ma nessuno era poi in grado di darmi informazioni più dettagliate su chi contattare.

E restavo troppo poco tempo in città così grandi per riuscire a prendere dei contatti. Inoltre, la sede di Santa Monica, ricca di marmi, in Wilshire Boulevard, è una sede di rappresentanza internazionale dove è ancora più difficile stabilire relazioni nel breve tempo di una visita.

Andavo a zonzo da solo, nella grande metropoli americana. L'impressione era di passare da un set cinematografico a un altro. Beverly Hills, Sunset Boulevard, Venice Beach, Hollywood, ognuna di queste "città nella città" faceva emergere emozioni del tutto nuove, cosa facilmente comprensibile venendo dal quartiere Nuovo Salario di Roma.

Ero stato un po' sprovveduto. Per esempio, non mi ero premunito di carta verde internazionale e quindi non potevo prendere un'automobile a noleggio. Mi spostavo con i mezzi pubblici, scomodi e pericolosi. In più, all'epoca, non avevo una carta di credito, cosa che in una città come Los Angeles rendeva difficile anche fare una telefonata. Giravo con qualche migliaio di dollari in contanti in una tasca segreta cucita sotto la biancheria intima, come facevano un tempo, su consiglio dei genitori, le persone che non avevano mai viaggiato.

Ero, anzi, più che sprovveduto. Pretendevo di girare la Città degli Angeli a piedi con una mappa che riassumeva duecento chilometri in meno di un metro. E lo facevo di giorno e di notte. È un miracolo che non mi abbiano mai rapinato. Evidentemente i clochard incontrati in quelle interminabili passeggiate devono aver avuto paura di interagire con uno spilungone dinoccolato che borbottava fra sé e sé frasi incomprensibili.

Andò meglio a San Francisco, successiva e ultima tappa del mio tour americano, dove all'accoglienza del Centro culturale incontrai Luigina, una giovane italiana di Foligno, che studiava lingue a Berkeley.

«Faccio attività qui al Kaikan tutte le settimane. Devo pulire il karma sentimentale. Sto con uno che è proprio uno scapestrato.»

Quando le raccontai la mia storia aggiunse:

«Tu devi assolutamente conoscere il mio responsabile di settore qui a San Francisco. Anche lui è gay. Si chiama Chico, è un ispanico molto in gamba. Dammi un tuo recapito, lo sento e ti faccio sapere quando è disponibile a incontrarti.»

Luigina era così decisa che non potevo rifiutare, e poi aveva stimolato la mia curiosità.

Mi presentai qualche giorno dopo all'indirizzo che lei mi aveva indicato, proprio il giorno prima della mia partenza per Roma. Chico abitava nel distretto di Mission, a ridosso di Castro, quartiere che ormai conoscevo bene per la grande concentrazione di locali e negozi gay. Era un pomeriggio assolato, di quelli che a San Francisco non vanno sprecati, in cui i giardini si riempiono di ogni attività. L'appartamento stava al primo piano di una palazzina popolare affollata di negozi e voci di sottofondo. Chico era vestito da casa, aveva radi capelli neri, lunghi e lisci, e occhi luminosi, nerissimi, leggermente assorti, come se avesse accettato la mia visita con un po' di timidezza.

Mi disse che da tanti anni lì a San Francisco si tenevano regolarmente riunioni buddiste LGBTQ e che probabilmente ce n'erano in tutti gli Stati Uniti, ma che non vi partecipava da un bel pezzo.

«Sai, sono positivo all'HIV da diversi anni» iniziò a raccontarmi. «Solo qui a San Francisco, per questa malattia, sono morti mio padre e settanta dei miei amici. Li ho contati. Cinque mesi fa stavo morendo anch'io, ero così debole che non riuscivo più ad alzarmi dal letto. Recitavo il più possibile per rimanere in vita almeno finché mia figlia non fosse diventata maggiorenne, per evitare che potesse finire ai servizi sociali. Ho anche scritto a *sensei*. Scrivo spesso lettere a Ikeda, e lui mi risponde. Poi a maggio sono arrivate le medicine, queste nuove che chiamano "il cocktail". Guarda come sto, funzionano. In poche settimane ho ripreso peso e va sempre meglio.»

Dalle parole di Chico traspariva una tranquillità distaccata, come se tutte queste cose, così forti e drammatiche, combattute giorno per giorno, non le avesse vissute lui in prima persona.

Ero piacevolmente scioccato dalle sue rivelazioni. Esisteva dunque una cura, e Chico era la prova che funzionava. Uscii da quella casa assieme stordito ed euforico, speranzoso e con il cuore pieno di gratitudine. Avevo la sensazione di aver incontrato un Budda. Ecco a cosa erano serviti quel viaggio e tutto quel Daimoku.

Il "Time", nel dicembre 1996, proclamò il dottor David Da-i Ho, l'inventore del cocktail di farmaci antiretrovirali che tengono a bada il virus del'HIV, uomo dell'anno.

18

Desideravo, più di ogni altra cosa, avere una relazione. Troppo tempo era passato da quando mi ero prefissato lo scopo di trovare un compagno di vita col quale condividere passioni e sospiri, ma tutti i tentativi di creare legami stabili non avevano avuto risultato. O non andavo bene io o loro non andavano bene a me, o erano già impegnati o non mi ispiravano impegno, o forse, semplicemente, non era il momento giusto. Fatto sta che mi era diventato insopportabile il pensiero di un altro San Valentino senza tenerezze. Nel giorno degli innamorati la natura sembrava cinguettare, ma lo faceva escludendomi in modo sistematico.

Non so se vi è mai capitato di partecipare a una festa e di sentirvi come un alieno, talmente fuori luogo e inadeguato da riuscire a respingere ogni contatto, fino ad arrivare al punto da non rivolgere la parola a nessuno per l'intera serata. E poi di chiedersi: "Allora, che sono uscito di casa a fare?". Il fatto di pensare che nella mia natura ci fosse qualcosa di sbagliato aveva generato insicurezza. Potevo andare in sauna, in un parco o in spiaggia a tentare di trovare tenerezze, ma non era quello che stavo cercando. Questi posti hanno grande fascino quando sei represso, ma lasciano il tempo che trovano quando sei appagato sessualmente e sentimentalmente. E io, purtroppo, al tempo non ero affatto appagato in quel senso.

La verità è che quando mi capitava di vivere qualche giornata di gioia intensa, tornando a casa da solo, mi dispiacevo di non poterla condividere con nessuno. Potevo raccontare un'esperienza a una riunione, ma non era la stessa cosa di quando, insieme a Piero, componevo versi alla luce della luna.

Il fatto di essere potenzialmente contagioso, inoltre, era una complicazione maledettamente seria. C'erano troppe cose da spiegare e, anche se la sieropositività non poteva essere il mio biglietto da visita, era opportuno ogni volta avvisare il partner al più presto, in modo da prevenire incidenti. Spesso rileggevo la guida del veterano giapponese, che Betta mi aveva trascritto, nel punto dove dava indicazioni sui rapporti di coppia:

Dovremmo fare attenzione alle nostre relazioni spirituali. Incontriamo le persone in base al nostro karma, ma nel cercare un compagno o una compagna per la propria vita, di per sé, non c'è alcuna missione.

Detto così può sembrare un controsenso. Se cerco un partner per combattere la solitudine e magari lo faccio pensando solo al mio desiderio egoistico, è difficile che incontri qualcuno con cui costruire una vita di coppia di valore. È molto diverso se cerco un complice col quale condividere le mie aspirazioni e il voto di realizzare la pace mondiale. La ricerca deve essere mirata.

Cosa dà più felicità: trovare un compagno o realizzare la propria missione di essere umano? Si possono fare le due cose insieme? Come si fa a riconoscere la persona giusta? Da cosa si individua: dall'odore della pelle o da una strana luce negli occhi? Si dice che nelle pupille si possa intravedere l'anima di qualcuno, ma si capiscono molte cose anche dal modo di vestire, dalla cura o meno del corpo o da come e di cosa l'altro parla. Di sicuro è assai improbabile che la persona giusta vada in giro indossando un'insegna al neon lampeggiante che la indichi appositamente per te.

E se poi magari lui non riconosce te come la persona giusta perché in quel momento è distratto? Può succedere che non apprezzi la tua anima perché quel giorno porti gli occhiali da sole. E se ti coinvolge tanto, vuol dire che siete legati spiritualmente o si tratta di un'ossessione dovuta al fatto che negli ultimi tempi non batti chiodo?

Purtroppo non esiste una scuola che insegni i sentimenti. Si impara con l'esperienza, per tentativi.

Mi era stato consigliato dalla mia amica Marcella del Gruppo Arcobalena di fare un preciso identikit davanti al Gohonzon di quello che volevo: età, aspetto fisico, professione e preferenze sessuali. Per un single è un esercizio divertente, che consiglio. Io immaginavo un ragazzo bello, moro, divertente, spensierato, spregiudicato e terribilmente sexy, mi guardavo intorno per verificare se ce ne fossero con quei requisiti. No, non l'avrei trovato di certo nei corridoi della Rai.

Degli amici *sokahan* avevo fatto mio il consiglio di stabilire una data entro la quale realizzare lo scopo per cui stavo pregando.

Fu così che fra gli obiettivi del Capodanno 1997, decisi e dichiarati per iscritto, c'era l'intenzione di trovare un nuovo amore entro il successivo 14 febbraio.

Settimana dopo settimana, però, mano a mano che la data si avvicinava, l'identikit diventava sempre meno tassativo, mentre al contrario si rafforzava il desiderio di accoppiarmi con qualsiasi creatura con un minimo di compatibilità che mi volesse almeno un po' di bene.

Fu così che il 13 febbraio, bevendo una birra davanti al televisore in un locale, incontrai gli occhi di Angelo e mi ci persi dentro. Non aveva proprio tutti gli elementi dell'identikit che mi ero prefigurato, ma qualcuno sì, e parlammo per ore, senza appartarci né toccarci. Ci scambiammo i telefoni e lo invitai a venire a casa mia il giorno dopo. Venne. Forse stava per realizzarsi lo scopo. Restava da capire se quella era la persona giusta.

Tutto mi fu più chiaro, qualche giorno più tardi, in metropolitana, quando dimenticai di scendere all'ultima fermata e mi trovai, da solo, sovrappensiero, nel deposito dei treni dopo la fermata di Ottaviano. Ero arrivato oltre il capolinea. Avevo realizzato lo scopo. Ero innamorato.

Angelo era un giovane ricercatore, un bioingegnere, ed era a Roma solo di passaggio. Alla fine del weekend prese la corriera e tornò a casa. Non ricordo se era la prima o la seconda telefonata, forse la seconda, quella in cui lo misi al corrente sulla mia situazione di salute. Non la prese bene. Recitai, recitai a più non posso affinché ci fosse meno dolore possibile per tutti e due. Mi richiamò dopo qualche giorno dicendo che, ragionevolmente, per lui la cosa non era un problema. Dovevamo solo stare ancora più attenti. Non sapevo di essere stato io il primo uomo con cui Angelo si era relazionato con il corpo e con la mente. Certo, che karma! La sua prima relazione e allo stesso tempo, attraverso di me, la consapevolezza della terribile epidemia cominciata negli anni Ottanta.

Il fatto che mi avesse accettato fu un'ulteriore conferma che il saggio giapponese aveva avuto ragione nella sua guida: le persone con cui hai una relazione spirituale le riconosci, o meglio, non le riconosci con la mente, ma con la vita. E la loro vita riconosce la tua. Qualcosa che prima era sempre stato in silenzio, ora mi risuonava dentro. Non c'era fretta, non volevo già fare fili di perle e restare deluso come nelle brevi relazioni avute negli ultimi anni. Ad aiutarmi c'era la distanza. Ci potevamo vedere nei fine settimana: un sabato veniva lui a Roma, quello successivo lo raggiungevo io nel centro di ricerca dove già lavorava pur continuando a studiare.

Angelo stava prendendo la sua seconda laurea. Dopo il centodieci e lode in Ingegneria, questo incantevole giovane uomo si era messo a studiare Biologia e da mesi portava avanti ricerche nel campo dell'SNC, il sistema nervoso centrale.

Una volta, a letto, mi prese il polso, e con piglio serio si mise a misurarmi il battito del cuore:

«Tra due, tre ore, quando sarà finito l'effetto appagante della prolattina, ti tornerà a crescere la dopamina e a seguire la serotonina, e ci tornerà voglia di coccole per avere ancora più ossitocina in premio.»

«Ma che stai dicendo? Non basta sentirsi innamorati? Che ti frega di sapere come funziona?» dissi io.

Effettivamente ci rimasi come uno scemo quando la sveglietta del suo orologio da polso ci sorprese in intimità, esattamente due ore e mezzo più tardi, e lui mi sorrise compiaciuto, sgranando i suoi occhioni blu come a dire: "Te l'avevo detto". Disse invece: «Sei proprio un animale. Bisogna trovare a tutti i costi l'antidoto all'ossitocina perché io devo ripartire domani mattina e a ogni partenza questa ossitocina mi spezza il cuore».

Siamo macchine biologiche: ogni emozione, ogni pensiero può essere spiegato come uno scambio elettrochimico nella materia di cui siamo composti. Ma così dicendo non si perde tutta la poesia? No, se guardi il cielo, mano nella mano, disteso con lui su un prato fiorito della Maiella in primavera, o se attraversi l'Appennino innevato al tramonto e non vedi l'ora di rivederlo.

Anche la differenza d'età non era un problema, otto anni non erano niente. Talvolta mi sentivo come un fratello maggiore, ma poi lo stacco anagrafico veniva neutralizzato dalla nostra comunicazione a fumetti che spesso faceva regredire entrambi all'età scolare. Chissà perché spesso gli adulti si sentono così rassicurati nel rifugiarsi in sensazioni infantili... Forse è una nostalgia inconscia delle rassicurazioni che ci facevano i nostri genitori nei primi mesi di vita. O forse avevano ragione Pascoli e Schopenhauer, e non è un caso, allora, che nella mitologia greco-romana Cupido sia ritratto come un fanciullino alato. Fatto sta che mi regalò un Topo Gigio meccanico che gattonava per terra.

E non era neppure un problema la nostra diversità: lui uomo di scienza, io, be'... sono stati i suoi amici a spiegargli chi ero, il lavoro che facevo e perché avevo in casa una vetrina zeppa di conigli di peluche ricevuti in regalo dagli ascoltatori. Anche se feci un figurone quando, in un ristorante di pesce a San Vito Chietino, in cui eravamo ormai habitué, mi servirono il dolce con un coniglio di cioccolato disegnato nel piatto.

Lui, poi, guardava con diffidenza e tollerava con magnanimità la pratica buddista come farei io se mi trovassi di fronte a un pastafariano.

Da parte mia, io avevo profonda stima e ammirazione per questo brillante giovane studioso che macinava trenta e lode agli esami come fossero noccioline. E com'ero orgoglioso di lui quando mi accompagnava in ospedale per le visite periodiche e chiedeva chiarimenti sulla mia cartella clinica, sulle fluttuazioni a volte bizzarre dei cd4, un numeretto di tre cifre che poteva fare la differenza tra trascorrere un fine settimana all'inferno o in paradiso. Mi emozionava e lusingava osservare che, nonostante il dottorato in Neuroscienze, i suoi interessi viravano sempre di più verso il campo dell'immunodeficienza acquisita. Me n'ero accorto notando le pile di articoli e di libri sull'HIV sempre aperti sulla sua scrivania che occupava metà del monolocale in cui alloggiava. Quando i suoi colleghi venivano a visitarlo aveva solo pochi secondi per nascondere tutto. Come poteva spiegare agli amici che stava cambiando campo di studio, nonostante i suoi articoli avessero già attirato l'interesse e una proposta di *fellowship* dalla prestigiosa Yale University?

Mi sorprese ancora di più quando piombò a Roma per dirmi che aveva scritto una mail al dottor David Ho, autorità mondiale in fatto di HIV, esponendogli le idee che gli erano venute studiando il mio problema, e che il professor Ho gli aveva risposto personalmente invitandolo a procurarsi una borsa di studio e mettendolo in contatto con un suo stretto collaboratore, col quale aveva pubblicato diversi articoli scientifici sull'argomento e che lavorava in New Mexico presso il Los Alamos National Laboratory.

Stentavo a credergli. Va bene che avevo recitato anni per impegnarmi in una relazione di valore che fosse utile per il bene dell'Umanità, ma mai avrei immaginato che l'effetto di quelle preghiere si sarebbe manifestato in un prodigio simile. E che tutto questo succedesse a noi.

Ricordo che quella notte eravamo così eccitati che nessuno dei due riuscì a chiudere occhio. Era chiaro che, se effettivamente avesse trovato una borsa di studio, cosa assai difficile in un Paese con poche risorse scientifiche come il nostro, una separazione del genere, con un oceano nel mezzo, avrebbe messo a dura prova la nostra relazione. Ma la posta in gioco era così alta che valeva la pena di tentare. Lui non poteva rinunciare e io non avevo il diritto di ostacolarlo. Come pure sarebbe stato insensato abbandonare il mio lavoro alla radio, da artista precario, con contratto a termine da rinnovare ogni anno, per seguirlo e ricominciare una vita da zero in un altro continente, con una lingua tutta da imparare.

Praticai pregando come un pazzo, di nuovo ore e ore al giorno, per sostenerlo. Grazie al suo curriculum, raro per la giovane età, ottenne subito una piccola borsa di studio dal CNR. Si trattava di qualche centinaia di migliaia di lire al mese, appena sufficienti per mantenersi come un clochard nel Bronx a New York. Determinante per la sua partenza fu l'intervento di Silvio Garattini, il noto farmacologo, che comprese le potenzialità di Angelo e lo aiutò velocemente consigliandolo su come reperire altri fondi. Grande fortuna, ma che fatica!

Quando oggi sento in televisione il ministro dell'Istruzione di turno riempirsi la bocca di retorica su quanto sia triste assistere alla fuga all'estero dei nostri migliori cervelli provo una rabbia lucida, insieme all'intimo desiderio di vederlo spaccare pietre, perché no, dentro il tunnel di neutrini tra la Svizzera e l'Abruzzo di cui parlava, con rara competenza tecnica, Mariastella Gelmini, sotto l'*egìda* del suo ministero che tanto bene ha fatto per la scuola italiana.

19

Non era una cosa semplice tenere per me le problematiche relative alla salute. Come ho detto avevo deciso di non condividere questa realtà fuori dall'ambiente buddista, per evitare che le persone me lo ricordassero di continuo, con premure eccessive o fastidiosi pettegolezzi.

"Se lo dico magari mi evitano" era il pensiero ricorrente. Ero già ben allenato nell'omettere alcuni aspetti della mia vita. In fondo era soltanto da qualche anno che non nascondevo più sistematicamente di essere gay, e lo facevo comunque solo quando e con chi mi sentivo più a mio agio. Non è che con Marco, il mio collega da sempre, non mi sentissi a mio agio, ma perché dargli motivi di apprensione e caricarlo di questo peso?

Mi capitava, sia in redazione sia in onda, di venire attraversato da improvvisi pensieri di sconfitta. Ci sono state giornate in cui devo aver dato l'impressione di essere stato distratto e assai poco incisivo sul lavoro. A quei tempi, per gli automatismi con cui sui media si affrontava l'argomento, era percepibile il marchio sociale, quasi che alle persone sieropositive venisse applicato un bollino, come a una banana d'importazione. Nel migliore dei casi si commentava: «Be', con la vita che ha fatto se l'è andata a cercare...».

Ora la situazione è molto cambiata, ma credo che ancora si bisbigli e ci si dia di gomito. Non ne vedo la ragione, però, è solo ignoranza. Forse, dopo tutti questi anni, è arrivato il momento di aggiornare l'intestazione della cartella clinica dove sono ancora registrato come "anonimo maschio". Sarebbe un'azione sana, civile e politica.

L'attività buddista, intanto, proseguiva col ritmo consueto e rassicurante. Col passare del tempo mi fu proposto di diventare responsabile della mia zona. Non avendo bene idea di cosa avrei dovuto fare per sostenere i miei amici, organizzavo noiose festicciole in piedi per far conoscere tra loro più persone possibile. Furono mesi di "porto party", feste in cui ognuno portava qualcosa. Talvolta è stato imbarazzante consigliare nella fede chi aveva problematiche tanto lontane dalle mie. Uno degli errori più comuni quando si viene investiti di una responsabilità in ambiente buddista è pensare di avere qualcosa da insegnare. Già non ci capivo niente della mia, di vita, come potevo consigliare qualcun altro su cosa fare? Serena mi spiegò che non si trattava di scendere nel merito delle questioni, quanto di incoraggiare con convinzione, condividendo l'esperienza personale: si trattava in sostanza di indicare il Gohonzon.

Il sostegno, se basato sulla preghiera sincera che la persona diventi felice esprimendo il proprio potenziale, può essere inutile, ma mai dannoso, perché sarà poi la persona stessa a fare un lavoro interiore su di sé. Puoi essere dannoso, invece, se come responsabile pensi di esercitare un potere. La responsabilità all'interno della famiglia Soka è un servizio, non un potere. Una volta ho sentito Francesco, un compagno di fede, spiegare tutto ciò con un'immagine poetica particolarmente efficace; a suo parere, per alcuni gli insegnamenti di Nichiren, attualizzati da Ikeda, sono come un prato: hai molto spazio a disposizione e ti organizzi il tempo come meglio credi, decidendo se fermarti a osservare i fiori, giocare a palla o guardare il tramonto. Per altri, gli stessi insegnamenti sono come un sentiero stretto che va seguito con precisione. Il problema è che la percezione che il sentiero sia angusto non esiste se non nella mente di chi lo pensa. Ognuno ha i suoi tempi, o ancora più profondamente, ognuno ha il suo karma da affrontare, e in questo va rispettato.

Ogni persona è un gioiello prezioso nella Rete di Indra. Succede però – e succede spesso – di essere così invischiati nelle proprie tendenze da perdere lucidità rispetto alla cosa più importante: il rispetto dell'altro. Sembra una cosa banale, ma non è così facile da realizzare. Come faccio a impormi di rispettarti anche quando non sono d'accordo con te, e ti sto magari segnalando un difetto che potresti correggere? Ancora più difficile è continuare a rispettarti anche se mi ferisci di continuo o di proposito. Eppure Fukyo, il "Bodhisattva mai sprezzante", riusciva a rispettare anche chi lo derideva. Come si afferma nel capitolo XX del Sutra del Loto, si teneva a distanza se gli venivano lanciate pietre, ma continuava a inchinarsi alla natura intrinseca di Budda di chi lo offendeva. È stata quindi una bella sfida mettermi in gioco in questo nuovo ruolo, soprattutto per me, che nonostante il successo alla radio, e ora anche la fortuna di avere un compagno di valore, continuavo spesso a sentirmi insicuro e non completamente accettato.

E un giorno, improvvisamente, arrivò l'annuncio della data della partenza di Angelo per gli Stati Uniti.

Di quella notte ricordo in particolare che affrontammo l'inevitabilità di "quello che doveva essere fatto": io sarei rimasto a Roma per portare avanti il mio lavoro alla radio e lui sarebbe partito per inseguire il suo sogno di ricerca che avrebbe potuto aiutare a trovare la cura per me. Fu impossibile chiudere occhio. Eravamo così attivati, euforici e pieni di valore, con lo stato vitale altissimo e una sensazione tale di benessere che nessuna droga può nemmeno provare a suscitare.

C'era però un problema. Un eminente ingegnere e biologo americano, da lungo tempo collaboratore di David Ho, avrebbe preso Angelo nel suo laboratorio, ma andava trovata la seconda borsa di studio.

«Non ti preoccupare, poi se hai bisogno ti aiuto io» cercai di incoraggiarlo, regalandogli per Natale un PC portatile. Lui fece ciò che andava fatto: andò a chiedere consiglio a qualche senior della ricerca e subito gli fu detto chiaro e tondo che se avesse intrapreso quella strada, per avere dei risultati, avrebbe dovuto pianificare le cose in una finestra temporale di anni, non soltanto di pochi mesi.

Io utilizzavo ogni minuto libero che avevo per recitare Daimoku. A un certo punto si concretizzò la possibilità di una seconda borsa di studio, leggermente più sostanziosa della precedente, ma bisognava presentare domanda a Roma, e c'erano solo pochi giorni per consegnare una lista di documenti così lunga da far impallidire anche un impiegato del catasto.

Ricordo che in quei giorni recitai e recitai perché Angelo facesse in tempo. La mattina della scadenza lo andai a prendere a Pescara e lo accompagnai a Roma recitando il Daimoku per tutto il viaggio. Arrivò a consegnare quel plico di carte carico di speranze e di ansie giusto alle undici del mattino, un'ora prima della scadenza del bando. Ce l'aveva fatta.

Avevamo tutti e due un groppo in gola, per il destino della nostra relazione, ma facevamo finta di nulla per rendere la cosa emotivamente sostenibile.

«Dài, dobbiamo andare avanti come dei bravi soldatini e fare il nostro dovere. Dobbiamo fare quello che deve essere fatto» mi ripeteva spesso con la sua serietà da ingegnere.

Ero così orgoglioso che il suo talento si potesse esprimere come meritava, tanto che reprimevo la tristezza per la partenza ormai vicina, sentendomi in dovere di rispondere al gesto d'amore di aver cambiato indirizzo di studio per me, cercando almeno di nascondere la malinconia, per farlo sentire sicuro e sostenuto. Così lo accompagnai alle partenze di Fiumicino parlando di banalità, come si fa sempre quando si vuole evitare un argomento troppo serio.

«Appena ti sei sistemato ti spedisco del caffè, il parmigiano e una tanica di olio d'oliva, poi ci sentiamo tutti i giorni al telefono. Non ti preoccupare, ti chiamo io.»

Era scontato che, appena lui avesse varcato la soglia delle file che portano ai metal detector, saremmo crollati tutti due, ma fummo diligenti e sorridenti, fino all'ultimo languido sguardo senza tempo. Senza voltarci indietro.

Quando ci saremmo rivisti? Tra tre, sei mesi? Lui avrebbe incontrato un altro? La mia salute avrebbe retto?

Angelo passò qualche giorno in un motel, poi trovò un piccolo appartamento in affitto con finestre ampie su delle colline di conifere. Mi mandò una foto di quello che vedeva dalla finestra. Acquistò un'utilitaria scalcinata. Si era iscritto a un corso serale di inglese.

Mi ero procurato i recapiti di buddisti del New Mexico e glieli avevo fatti avere. Ciò gli fu utile quando ebbe bisogno di rintracciare un certo Joe, che lo aiutò a trovare un buon meccanico dopo che il catorcio lo aveva mollato in pieno deserto tra Los Alamos e Santa Fe. Era strano immaginarmelo in questi luoghi con nomi da fumetto di "Tex".

Spendemmo un patrimonio in telefono. Ci sentivamo tutti i giorni. Per me era sera, per lui ora di pranzo. Il momento migliore per chiamare era prima di andare a dormire, che corrispondeva al suo primo pomeriggio. Il suo dipartimento, come quasi tutti i laboratori, era sotto controllo e le nostre telefonate, era evidente, potevano essere ascoltate o registrate. Si sentivano interferenze, rumori meccanici di sottofondo, la linea gracchiava spesso. Così ci limitavamo un po', nelle nostre comunicazioni. Ero cresciuto negli Anni di piombo con la paranoia delle intercettazioni. E io e Marco avevamo scritto i testi di Tullio Solenghi a "Domenica In", per gli sketch in cui imitava il ministro degli Interni Rosa Russo Iervolino. Così io e Angelo parlavamo fra di noi come fossimo sempre in pubblico, pur non avendo niente da nascondere. Ogni giorno allo stesso modo, per settimane, fino a che le telefonate cominciarono ad assomigliarsi.

Sul web nel 1999 si trovavano pochissime immagini del

posto in cui stava. Forse sempre per questioni di sicurezza, pensai.

Ma mi resi conto di persona di quanto fossero reali queste problematiche quando lo raggiunsi, quell'estate, appena terminata la stagione radiofonica.

Mi venne a prendere all'aeroporto di Albuquerque e iniziò a guidare verso casa su un altipiano brullo, da Far West, tra canyon e pianure di sterpaglie con gente vestita da cowboy e simboli indiani sulle insegne dei negozi.

Nelle novantacinque miglia di autostrada per raggiungere Los Alamos, Angelo mi raccontò la misteriosa storia di questo posto, abitato prevalentemente da scienziati provenienti da tutto il mondo.

Il LANL, Los Alamos National Laboratory, era stato fondato nel 1943 nell'ambito del progetto Manhattan per la costruzione di armi nucleari, la cui direzione era affidata a Robert Oppenheimer.

Assente dalle mappe, e nota col nome in codice di "sito Y", la cittadina, a 2200 metri sopra il livello del mare, era rimasta per decenni avvolta nel mistero. I familiari che raggiungevano gli scienziati venivano trasportati lì bendati, in modo da non poterne rivelare a nessuno l'esatta ubicazione. Qui, nella primavera del 1945, erano state costruite The Gadget, cioè la prima bomba atomica, e Little Boy e Fat Man, gli ordigni usati a Hiroshima e Nagasaki. C'era qualcosa di solenne nell'arrivare in un luogo così carico di storia, anche se si trattava di una storia terribile.

Il laboratorio è oggi uno dei più vasti istituti multidisciplinari del pianeta, con più di diecimila dipendenti dell'Università della California e migliaia di ricercatori con borse a contratto: fisici, ingegneri, chimici, scienziati dei materiali, biologi, matematici, informatici e geofisici.

L'appartamento di Angelo era il primo di una serie di casette a schiera di due piani. Si trattava senza dubbio degli alloggi dove, cinquantaquattro anni prima, avevano abitato alcuni degli scienziati coinvolti nella costruzione della bomba atomica. Due semplici stanze moquettate, e una tipica cucina americana anni Cinquanta color panna con il tritarifiuti elettrico nel lavandino e il frigorifero bombato.

Anche il mio secondo arrivo negli Stati Uniti fu come entrare dentro un film. Ma questa volta era un romantico film di guerra.

20

Era stato faticoso, per Angelo, ricostruirsi da zero un quotidiano decente in terra straniera. Nei mesi precedenti aveva frequentato una scuola serale di lingue per forestieri, per affinare il suo inglese, buono, ma ancora scolastico.

Una mattina, all'alba, fui svegliato da uno strano ronzio ritmato, e mi accorsi di essere solo nel letto. La sensazione era che Angelo stesse recitando Daimoku nell'altra stanza. E invece no, non era diventato buddista, per accelerare la sua conoscenza dell'inglese tecnico stava studiando articoli scientifici ad alta voce, deambulando su e giù per il locale. Con l'abusata espressione "fuga di cervelli", non si riesce a descrivere tutti i sacrifici che i giovani italiani fanno cercando un po' di considerazione all'estero, né i sacrifici che compiono genitori, parenti, amici e amanti per sostenerli.

Preparavo io la colazione – all'americana, visto che stavamo in America. Non poteva mancare però il sacrosanto caffè con la moka Bialetti, che avevamo importato dentro un apposito trolley insieme ai fondamentali per la sopravvivenza di un italiano all'estero: parmigiano, pasta, olio di oliva e salame. I sudori freddi nel passare la dogana dal varco "niente da dichiarare" terminarono, le estati successive, non appena scoprii che la catena Whole Foods Market, con ottimi prodotti d'importazione venduti a peso d'oro, aveva aperto una sede a Santa Fe.

Bevuto il caffè, lui schizzava al lavoro e io interpretavo il mio ruolo da *desperate housewife*, sistemando la cucina, rifacendo il letto, passando l'aspirapolvere sulla moquette, andando a piedi al megamarket a fare la spesa, lavando e piegando panni nella lavanderia a gettoni, cucinando, apparecchiando e guardando insulse trasmissioni sulla TV via cavo in attesa che tornasse a casa.

Oltre a lui, la pratica buddista era l'unico momento di svago per mantenere la motivazione per fare tutto il resto. Dopo un anno alla radio avrei potuto oziare su una spiaggia australiana o leggere un libro in un resort della foresta amazzonica, e invece ero lì a sostenere Angelo nel suo tran tran da eterno studente. Ero orgoglioso di farlo.

Avrei voluto tanto che anche lui iniziasse a pregare, ma non era semplice incuriosire un uomo di scienza alle effimere, immateriali e mistiche navigazioni della fede. Studiavo anche io. Utilizzai ognuna di quelle estati per approfondire un aspetto diverso dell'insegnamento buddista. Un anno studiai le lettere di Nichiren Daishonin, i Gosho, in ordine cronologico di scrittura, catalogandoli per discepolo a cui erano indirizzati, per provare ad avere un'idea dell'evoluzione del suo pensiero nel corso della vita. L'anno successivo mi rilessi tutti i volumi della *Rivoluzione umana* e della *Nuova rivoluzione umana* del maestro Ikeda, per meglio comprendere il senso di un'organizzazione come la Soka Gakkai. L'anno dopo ancora passai in rassegna i dialoghi di *sensei* con diverse personalità mondiali della cultura e le sue "Proposte per la Pace" alle Nazioni Unite.

Nell'approccio teorico cercavo un modo per spiegare ad Angelo il buddismo in maniera razionale. Finché, a un certo punto, lui sbottò sfidandomi nel tentare un esperimento pratico.

Da buon ricercatore, mi procurò una cavia: mi propose in quella prima estate in New Mexico di convertire sua sorella Maria Pia, che in quel periodo stava affrontando diverse difficoltà.

Qualche mese prima al mare, in Italia, avevo cercato di

introdurla al buddismo e insegnarle i rudimenti della cerimonia di Gongyo, battendole il tempo con le mani sotto l'ombrellone. E avevo sentito che provava la stessa fragile insicurezza che troppo spesso aveva fatto passare, anche a me, delle brutte giornate. Ero sicuro che, con la pratica, lei sarebbe stata meglio. Non frequentandola abitualmente, però, ero riuscito solo a metterla in contatto con qualcuno della sua zona, continuando nel frattempo a pregare che approfondisse la questione da sola. La sostenevo a distanza, insomma, immaginandola per molte settimane seduta a recitare vicino a me.

Un'altra azione che tentai per convincere Angelo fu prendere contatti con i buddisti del New Mexico mentre lui era in ufficio. Avevo un paio di recapiti a Santa Fe, le stesse persone che lo avevano aiutato quando aveva avuto guai con la macchina, e dopo un paio di tentativi riuscii a farmi invitare a un meeting di discussione, a casa di una certa Susan. Ero stato da solo a casa di un paio di cowboy a recitare Daimoku, ma questa volta Angelo, spinto dalla curiosità, accettò di accompagnarmi.

Non fu facile trovare casa di Susan. Mi ero concentrato troppo nel seguire le indicazioni per il Georgia O'Keeffe Museum, come ci era stato detto, e ci eravamo persi. Lo so che è difficile da immaginare, ma nel secolo scorso non esisteva ancora Google Maps.

Arrivammo nel pueblo indiano, dove abitava Susan, che il meeting era già iniziato, anche se da poco. La casa aveva le caratteristiche finestre messicane con l'architrave a vista in legno e i muri di mattoni cotti ombreggiati dalle travi sporgenti dei tetti piatti. Nel salone fresco e colorato dai tipici arredi tessuti a telaio, erano presenti una quindicina di persone. L'atmosfera era estremamente gay friendly e ci sentimmo subito accolti e a nostro agio. Non capivo molto delle esperienze raccontate – ci vuole del tempo per entrare nei ritmi di una lingua straniera –, alla fine però ci furono molti scambi di numeri telefonici. Fu particolarmente gentile e affabile con noi Nicolla, una giovane e simpatica lesbica sempre sorridente, che abitava nel pueblo di Pojoaque, a metà strada tra Los Alamos e Santa Fe, e quindi a sole quindici miglia da noi. Avevo rotto il ghiaccio.

Se fossi riuscito a stringere legami di amicizia durante il mio soggiorno su questo altopiano roccioso, magari queste persone avrebbero continuato a parlare di buddismo ad Angelo mentre io ero a Roma. Non abitava in una metropoli, e quando si attraversa tutti i giorni il deserto le relazioni umane diventano preziose quanto l'acqua.

Joe, il responsabile della zona, era un padre di famiglia e vestiva sempre col cappello e gli stivali da cowboy. Per mantenere quattro meravigliosi marmocchi si occupava di trovare location per il cinema, e sua moglie era la nipote di uno dei soldati dell'equipaggio degli aerei – non so se l'*Enola Gay* o il *Bockscar* – che sganciarono gli ordigni nucleari su Hiroshima e Nagasaki il 6 e il 9 agosto del 1945. Ci raccontò che suo nonno non era a conoscenza degli effetti di quella missione top-secret ed ebbe seri problemi psicologici per tutto il resto della vita quando scoprì che aveva contribuito allo sterminio di tanti civili innocenti.

Joe ci propose di partecipare alla riunione dei membri del New Mexico che si sarebbe tenuta la settimana successiva nel Centro culturale della capitale Albuquerque. Chiese anche a me e Angelo di fare, insieme, i presentatori del meeting. Proposta che accettai subito. Lui non era per niente d'accordo ma mi assecondò per quieto vivere.

Mano a mano che si avvicinava la data dell'evento cresceva la mia ansia da presentatore. Sarei stato in grado di fare lo speaker per una cerimonia così importante come una consegna di Gohonzon in una lingua che non era la mia? La data dell'evento, inoltre, si era caricata di un grande significato: era il cinquantaquattresimo anniversario della bomba su Hiroshima. Mi ricordavo che Josei Toda, il maestro di Ikeda, l'8 settembre 1957, nel campo sportivo di Mitsuzawa a Yokohama, davanti a cinquantamila giovani riuniti per una festa dello sport, in una solenne dichiarazione aveva definito la natura delle armi nucleari "demoniaca" e il loro uso come il massimo dell'oscurità di cui era stato capace l'essere umano. Il fatto che una discendente delle persone coinvolte in quella pagina dell'Umanità recitasse Nam-Myoho-Renge-Kyo mi suonava come un'occasione di pulizia karmica. La preghiera può essere come una candela che dopo tanto tempo viene accesa in una stanza e la illumina lievemente.

Intanto nessuno si faceva vivo per fornirmi una scaletta delle cose che io e Angelo avremmo, in coppia, dovuto presentare. Ragionavo da professionista e mi chiedevo: "Se devo fare l'MC, il Master of Ceremonies, devo sapere almeno i nomi di chi partecipa a queste cerimonie, e cosa succede".

Cercavo di affrontare la solita tendenza a sentirmi insicuro recitando Daimoku in quantità e tentando di preparare una pasta e fagioli sul fornello a gas della diafana cucina anni Cinquanta color panna di casa di Angelo.

Quando lui, verso sera, rientrò, subito mi fece notare la puzza di bruciato. Preso dai miei pensieri, ero riuscito a carbonizzare i fagioli secchi messicani senza riuscire neanche ad ammorbidirli. Lasciarmi a bagno ventiquattr'ore non era bastato. Il che mi fece ricordare un principio fondamentale della pratica buddista: è inutile pregare per ore e ore se non fai l'azione giusta per risolvere il problema. Io attendevo di essere chiamato, ma avrei fatto meglio e prima a chiamare io per avere le informazioni che mi servivano. Non stavo a Roma, dove ci sono tanti membri ed ero amico di tutti.

Versata nel water la pasta e fagioli e ordinate due pizze americane che sembravano impastate con la gommapiuma, squillò il telefono. Angelo prese la cornetta e fece subito una faccia sorpresa. Parlava italiano:

«Sì, di Roma. Io lavoro qui a Los Alamos. Ok, sì, sì, si chiama Antonello. Te lo passo» disse allungandomi il telefono con sguardo interrogativo. «È per te.»

Si trattava di Michael, un buddista di Albuquerque. Aveva saputo che c'erano due membri di Roma e voleva darci il benvenuto. Aveva conosciuto il buddismo in Italia alla fine degli anni Settanta, quando c'erano ancora pochissimi praticanti, e iniziò a chiedermi notizie dei suoi amici pionieri di quel tempo:

«Come sta Dadina? Conosci Alberto, il marito di Laura D'Angelo, quella della TV? E Flavia? Laura Conti e Cinzia Mattei? Sei nella stessa zona di Tina Anelli? Come sta Tina? Per favore, salutameli tutti. Che risate ci siamo fatti con Tina quella volta che siamo andati insieme alle terme di Saturnia. Fatti raccontare da lei. Io facevo riunione a casa di Cinzia Mattei, poi prendevo l'ultimo bus notturno e andavo a Frascati. Qualsiasi cosa ti serve, chiedimi pure, senza problema. No, domani non saremo alla riunione, ma se passate ancora per Albuquerque siete nostri ospiti. Benvenuti, benvenuti in New Mexico.»

Il giorno dopo Tina, al telefono da Roma, mi confermò tutto: «Michael, come no! Ah che risate ci siamo fatti nell'acqua calda e solforosa di Saturnia. Io mi stavo separando da mio marito e lui con grandissimo cuore invitò me e un'altra mia amica buddista a fare questa gita insieme. Come sta? So che si è fidanzato con un uomo ed è felice».

Tina mi raccontò qualche dettaglio in più degli anni di attività buddista passati insieme. Michael era stato responsabile del Settore Nuovo Salario, di cui io mi occupavo adesso. Ero il suo successore, dopo quindici anni, nella cura della stessa zona di Roma. Organizzava le riunioni a casa di Cinzia, la mia vicina, e recitava nelle stesse case, passeggiava nelle stesse strade. Inoltre era stato presente ai primi incontri del gruppo buddista gay che poi si sarebbe chiamato Courageous Freedom Group, a San Francisco, a casa di un certo Mike.

Se ti dai appuntamento con qualcuno rischi di non trovarti. Ci sono, invece, degli appuntamenti, degli incontri nella vita, decisi chissà da chi e chissà dove, ai quali sembra impossibile mancare. La curiosa coincidenza mi rassicurò che sarebbe andato comunque tutto bene.

Infatti, la riunione del giorno dopo fu un successo. Erano presenti un centinaio di persone provenienti da tutto lo Stato. Fu consegnato un solo Gohonzon, venne tenuta una breve ma affettuosa cerimonia funebre per un membro recentemente scomparso, ci furono teneri spettacoli di bambini, musicisti country e cantanti *Native American*, si pregò, si studiò e si rise un poco insieme.

Come al solito detti prova di goffaggine, sbagliando praticamente tutti i nomi, non senza un po' di imbarazzo di Angelo, che mi supportava e mi sopportava in queste attività. Ma non era importante fare una bella figura. Era stato importante esserci stati, era stato bello il percorso per arrivarci e le cose che di me avevo scoperto strada facendo.

21

L'anno successivo, a Los Alamos, a casa di Angelo, c'era un Gohonzon. Era stata sua sorella a convincerlo a praticare, in una sorta di osmosi familiare. Da quella volta che avevamo letto il Sutra sotto l'ombrellone, su quella spiaggia sull'Adriatico tra un bagno e l'altro, Maria Pia aveva iniziato a praticare con regolarità ed era diventata buddista riuscendo a sbloccare velocemente diverse cose che si erano inceppate della sua vita. Aveva cambiato stato vitale e suo fratello lo aveva sentito. Come un ricercatore che osserva e studia la riproducibilità di un fenomeno, aveva voluto provare a sua volta.

Non bisognerebbe mai insistere troppo affinché le persone sperimentino la pratica buddista. Non potendo far sì che gli altri comprendano l'entusiasmo che si prova mettendola in pratica si può sembrare degli esaltati, e risultare persino fastidiosi. Al contrario, niente ispira più dell'esempio e della prova concreta.

Probabilmente non era il primo Gohonzon che veniva aperto a Los Alamos. In una città di scienziati con contratto a tempo determinato, gli arrivi e le partenze sono frequenti. Joe, il responsabile uomini della zona, mi disse che avrebbe controllato meglio negli archivi.

Io intanto vivevo tutta la solennità di recitare davanti al Gohonzon di Angelo, atteso da anni, e di pregare per la

Pace proprio nel luogo dove erano state costruite le bombe atomiche che avevano messo fine alla Seconda guerra mondiale, ma anche causato la morte istantanea, secondo le stime, di duecentoquarantamila civili e di chissà quanti altri negli anni successivi, per via del fall-out radioattivo.

A seguito di queste riflessioni andai a visitare il Bradbury Science Museum, dove sono conservate le riproduzioni delle bombe più famose della storia dell'Umanità, se di umanità si può parlare. È un piccolo museo che racconta la storia del LANL. Oltre alla descrizione e alla spiegazione dei fenomeni di fisica nucleare che avevano permesso la realizzazione del progetto, c'è un'intera sala del museo mirata a chiarire le ragioni storiche che avevano reso indispensabile l'uso di un'arma di distruzione di massa così potente, con tanto di mappe e diagrammi.

In tutto il museo, notai, non c'era una sola fotografia delle vittime, come se quei funghi atomici fossero le casette dei Puffi.

La cosa mi indignò: non era possibile che il più grande e repentino massacro di civili della storia venisse catalogato con la leggerezza del termine "inevitabile". Avevo sperimentato personalmente, con la morte di Piero, quale tragedia possa essere un singolo lutto, figuriamoci una strage di civili di quelle dimensioni.

E mi irritò ancora di più leggere sul libro dei visitatori del museo il messaggio che un trentenne americano con lo sguardo invasato scrisse appena prima di me e che recitava più o meno così:

"La cosa più bella che abbiano mai realizzato gli Stati Uniti. God bless America."

Ci mancava solo di scomodare Dio, usandolo come scudo contro altri Paesi e altri dèi. Era tale la vergogna che provavo per il genere umano che sul diario di quel sacrario del patriottismo a stelle e strisce scrissi rabbiosamente:

"Vergogna. Dove sono le foto delle vittime? Nam-Myoho-Renge-Kyo. Antonello."

La drammatica stupidità dell'avventura bellica nucleare

può essere ben descritta osservando le mappe del fall-out radioattivo dei test nucleari effettuati in quegli anni nello Stato del Nevada, test che, per decenni, hanno causato vittime americane in tutti gli Stati fino all'Atlantico.

Il consiglio per gli scienziati di Los Alamos era di non abitare per oltre cinque anni in zone esposte, come quella di Angelo, ai venti da nordovest, sulla linea di passaggio delle perturbazioni, nella speranza di non venire contaminati in maniera letale dagli isotopi radioattivi dispersi nell'atmosfera e attivi ancora per decenni. Si pensi che il solo passaggio della nube di Chernobyl sull'Italia ha portato in vent'anni un aumento del duecento per cento dei problemi alla tiroide nel nostro Paese.

La stessa stupidità spinge i nostri camorristi a seppellire rifiuti tossici nella "Terra dei fuochi", nelle stesse zolle dove coltivano gli ortaggi che danno da mangiare ai propri figli. Questi li chiamiamo "criminali", gli altri invece, quelli che compiono i test, gli americani li chiamano "patrioti".

Qualche giorno dopo Joe ci invitò a partecipare alla prima riunione del gruppo uomini a Los Alamos.

Da qualche settimana era venuto a vivere in città, e aveva ripreso a praticare dopo una pausa di anni, un tale Jayson, un aitante barbuto quarantenne che aveva sposato un'indiana Navajo e aveva vissuto con lei in una riserva.

La mattina dell'incontro io e Angelo uscimmo di casa molto eccitati perché era la prima volta che partecipavamo a un meeting ufficiale come coppia buddista. Sulla strada ci fermammo a comprare una piccola pianta fiorita da regalare alla moglie di Jayson. Quando mi presento a casa di qualcuno che non conosco trovo gentile farlo donando qualcosa di semplice. L'eccitazione si placò subito quando la macchina di Angelo, già anziana di suo, decise di morire lungo Trinity Drive, costringendoci a raggiungere casa di Jayson a piedi sotto il sole del New Mexico, sudati e in ritardo.

Jayson aveva ancora il Gohonzon tratto da una matrice iscritta da Nikken, il Patriarca che aveva dato il via allo scisma, il che diceva molto sulla sua pratica solitaria, ma finsi di non farci caso. La riunione, iniziata tardi per colpa nostra, non fu molto affollata: oltre a me e Angelo, c'erano solo Jayson e Joe. Io ero un po' stressato dal contrattempo e dal ritardo, ma i due ci fecero sentire subito a nostro agio. Dopo aver praticato, fatto amicizia, parlato della lungimiranza di Josei Toda, il maestro di Ikeda, e condiviso lo spirito dei pionieri buddisti del lontano West, Joe ci accompagnò all'aeroporto per noleggiare un'auto. Avevamo assolutamente bisogno di un'altra vettura, sia per recuperare il rottame e provare a farlo aggiustare, sia perché, proprio quella sera, eravamo invitati a cena dal capo di Angelo a Santa Fe, il quale, nel frattempo, gli aveva offerto un postdottorato, una *fellowship* molto più prestigiosa di quella della Yale University cui aveva rinunciato per andare lì a Los Alamos. Non potevamo proprio mancare, anche perché si sarebbe trattato della nostra presentazione come coppia nell'ambiente professionale di Angelo.

Affittammo per una settimana una comoda berlina sportiva e decidemmo di assicurarla, visto il precedente del mattino, contro ogni possibile rischio, compreso il rapimento alieno, la zampata di Satana e l'eventuale esplosione di un supervulcano.

Facemmo bene perché, mentre compravamo un mazzo di fiori da regalare alla moglie dell'ospite, qualcuno pensò bene di centrarla sulla fiancata nel parcheggio del *mall*, il centro commerciale.

Lo stupore aumentò la mattina dopo quando mio fratello mi avvisò, da Roma, che la mia Honda Prelude, affidatagli durante il soggiorno americano, era stata centrata da una signora che pretendeva di entrare nel parcheggio prima che lui ne uscisse. Non solo. Nel pomeriggio, anche sua moglie, mia cognata, aveva fatto un piccolo incidente, per fortuna senza che nessuno si facesse male.

Quella sera scherzammo di alieni, fantasmi e reazioni a catena con Andrea, un buddista tibetano, che aveva un ristorante italiano a Santa Fe, e con sua moglie Donna. Era meno scherzosa la voce di Andrea, la mattina dopo ancora, quando ci raccontò che il suo *truck* aveva inspiegabilmente preso fuoco, forse per autocombustione dell'impianto elettrico, mentre era parcheggiato, di notte, vicino a una grossa bombola di gas metano, e che, mentre arrivavano i vigili del fuoco, aveva dovuto sradicare e distruggere la piccola piantagione di marijuana che stava provando a coltivare con tanta passione.

Cinque macchine fuori uso, in qualche modo collegate a me, nel giro di due giorni. Sì, certo, poteva trattarsi di un'insolita serie di coincidenze, ma come non essere spinto a ricercare una qualche spiegazione ragionevole a quella catena di accadimenti?

Ero sollevato dal fatto che non ci fossero stati feriti, neanche leggeri, e che a pagare i danni ci avrebbero pensato le rispettive assicurazioni, ma mi risuonavano in mente le parole di Nichiren Daishonin nel famoso scritto *I tre ostacoli e i quattro demoni*, indirizzato a Munenaga, il minore di fratelli Ikegami, che andai di corsa a rileggermi:

Si verifica sempre qualcosa fuori dal comune all'alzarsi e all'abbassarsi delle maree, al comparire e scomparire della luna, al passaggio dalla primavera all'estate, dall'estate all'autunno e all'inverno; lo stesso avviene quando una persona comune consegue la buddità. In quel momento i tre ostacoli e i quattro demoni invariabilmente appariranno: il saggio si rallegrerà, mentre lo stolto indietreggerà.

"Forse qualcuno in questi giorni ha ottenuto la buddità, di certo non io" pensai subito.

Avevo anche letto, nella lettera *Il raggiungimento della buddità in questa esistenza*, che:

"Mutua inclusione tra un singolo istante di vita e tutti i fenomeni" significa che la vita in ogni istante abbraccia il corpo e lo spirito, l'io e l'ambiente di tutti gli esseri senzienti dei Dieci mondi e anche di tutti gli esseri insenzienti dei tremila regni: le piante, il cielo e la terra, fino al più piccolo granello di polvere.

Quindi, se è vero che esiste una Legge Universale della Vita che permea tutti i fenomeni, può anche succedere che una disarmonia della mente o una sofferenza, o magari anche una gioia profonda possano avere un effetto non previsto su esseri senzienti ma anche su oggetti inanimati. Non mi sembrava però che negli ultimi tempi avessi dato di matto.

Non avevo dubbi che questa serie di accadimenti dovesse necessariamente avere un senso, ma restava il problema, non secondario, di capire quale. Questa cosa accadeva a me, era quindi inerente alla mia vita, e toccava a me comprenderla.

In più di un'occasione mi è capitato di pensare che, in qualche modo, tutto questo pregare portasse sfortuna. Con il tempo tale preoccupazione si è però dissolta. Le cose accadono a prescindere dalla nostra volontà. Accadono e sono inspiegabili anche quando non si prega o si ha fede solo nella scienza illuminata della ragione.

Prendiamo un altro caso.

Una mattina, dopo un Gongyo vigoroso, mentre mi precipitavo fuori di casa per andare in via Asiago a fare il "Ruggito", uscendo dall'ascensore mi capitò di notare con la coda dell'occhio una scintilla sulla presa di corrente della stufetta elettrica, dentro la guardiola del portinaio. Subito dopo mi accorsi che la scintilla aveva provocato una fiammella che stava velocemente divampando sul quadro elettrico che controllava i sette piani del condominio. La guardiola era chiusa, così con una lucidità e una rapidità che a posteriori hanno sorpreso perfino me stesso, entrai dalla finestra e a calci spensi quel principio d'incendio, evitando quel mattino un mucchio di disagi alle decine di famiglie che popolavano il palazzo. Allora non ero io che portavo jella, ma la cosa accadeva a me, perché ero io che potevo fare qualcosa di utile in quel momento.

La cosa era stata possibile solo grazie alla mente, già ben aperta e vigile per la preghiera, e ai sensi attivi ed efficienti.

Ripensando a quella lunga serie di macchine distrutte o

rovinate, non avendo avuto nel corso degli anni successivi né incidenti, né altri problemi gravi, mi sono fatto l'idea, e mi piace pensarlo, che si sia trattato di una bella pulizia karmika, di un alleggerimento di retribuzioni che prima o poi si sarebbe comunque manifestato a me o alle persone care, e forse tutto questo era avvenuto per aver partecipato alla prima riunione del gruppo uomini di Los Alamos.

Ogni azione causa una reazione, un effetto che può essere la causa di altre azioni e di altri effetti. Pare che il Budda Shakyamuni abbia spiegato la relazione tra ignoranza e sofferenza umana con la dottrina della "dodecupla catena della causalità". Una reazione a catena dentro la vita di ogni individuo, una reazione a catena come nella fissione nucleare, che sprigiona enorme energia in brevissimo tempo.

Quella serie di incidenti mi fa ancora riflettere sul funzionamento profondo dei fenomeni, nella vita come nella materia. Se l'oscurità di una persona ne causa la sofferenza, forse provare a sfidare l'oscurità del genere umano può procurare la felicità dei carrozzieri? No, non sta in piedi. Perché solo la loro, di felicità? Mi sa che devo comprendere ancora molte cose.

22

Ho sempre amato viaggiare. Niente più del viaggio rende l'idea della condizione umana, della vita, con la vera grande differenza che nel viaggio, più o meno, sai quando e dove arriverai. Nella vita no.

Viaggiando, la mente manifesta se stessa, stimolata dalle novità dei luoghi e delle persone che incontri. Ogni cosa diventa un evento, se non ti chiudi in te stesso, dentro la stanchezza, e ti lasci invece andare allo stupore infantile della scoperta e dell'avventura.

Quando ero bambino, prima di prendere il treno per andare in vacanza, giravo per casa e salutavo tutti i giocattoli, le stanze e le piante del terrazzo. Pregustavo l'odore di stazione e la porzione di lasagna fumante comprata dalla mamma al volo dal finestrino, dall'ambulante alla stazione di Bologna. L'idea del viaggio in sé era più eccitante di quella della vacanza stessa.

Viaggiare ha sempre avuto su di me un effetto magico, catartico, rivitalizzante, e ha conservato lo stesso fascino anche dopo le interminabili tournée con il teatro, la televisione o la radio, con qualsiasi mezzo, a ogni orario. Continuo a trovare interessante lo squallore delle sale d'aspetto di notte, la violenza sulla psiche del jet lag, come pure l'inevitabile brutalità dei voli intercontinentali, dove sistematicamente mi si cerca di far fuori con l'aria condizionata sempre troppo fredda e i sedili sempre troppo stretti. Mi piace il viaggiare per viaggiare, anche in questo nuovo millennio, in cui la paranoia degli attentati può rendere ogni bagaglio solitario un ordigno definitivo quanto insensato.

A quel tempo, però, viaggiare significava anche rivedere finalmente Angelo, dopo mesi e mesi di separazione forzata. Tutto era diverso, perché la mente era concentrata su un solo punto. Il viaggio diventava allontanarsi *da* o avvicinarsi *a* quel punto, con tutte le emozioni e le aspettative connesse.

Restavamo uniti nel condividere la forte motivazione di portare avanti un progetto più grande di noi, l'ambizione di fare qualcosa di utile al di là del nostro incontro. Questo rendeva solido il legame anche a migliaia di chilometri di distanza – o di miglia, se misurate dai canyon del New Mexico.

Nonostante il passare dei mesi ci stesse sottraendo intimità, riuscivamo a percepire che la nostra promessa era ancora solida. Lo sentivo nel tono della voce delle nostre telefonate, pure se, a causa del fuso orario sfalsato, capitavano in momenti inconciliabili per le rispettive attività. Ci eravamo sostenuti con la risolutezza di due divinità classiche, raccontandoci le esperienze realizzate grazie alla pratica buddista. Se pratichi bene, ogni giorno hai qualcosa da raccontare, perché ogni giorno puoi sentirti protagonista della tua vita. Realizzare uno scopo costruito con sforzo e fatica è fonte di gioia, ma condividere questo con qualcuno, di cui sei innamorato e che stimi incondizionatamente, è una gioia ancora più grande.

Maria Pia aveva abbracciato appieno la pratica buddista e aveva conseguito una vittoria dopo l'altra, e con il suo esempio concreto incoraggiava il fratello, incarnando l'esempio della pratica corretta. Io, da parte mia, cercavo ogni giorno di porre cause sempre più virtuose, con la consapevolezza che prima o poi avrebbero portato dei frutti visibili.

Nel campo della fede quasi mai si riesce a prevedere se, quando e come si manifesterà un risultato. Si può provare a determinare, ma non si può prevedere. Avevo superato da tempo l'approccio ingenuo dei primi anni di pratica. Certo, continuavano a succedermi cose di grande significato.

Una su tutte, quella volta in cui avevo voluto prendere sul serio una telefonata a tarda ora di Alessandra, una ragazza pugliese della mia zona, che mi chiedeva consiglio sul fatto di coinvolgere un suo amico assessore del Comune di Matera, chiedendogli se la città potesse essere interessata a ospitare una mostra di educazione ai diritti umani organizzata dalla Soka Gakkai. Ricordo che ero molto stanco, e anche se stimavo immensamente la serietà talvolta un po' da capoclasse di Alessandra, accolsi istintivamente la sua telefonata come un piccolo fastidio, come un'altra cosa ancora da fare. Decisi lo stesso di ascoltarla fino in fondo, di avere affetto per il suo entusiasmo, di recitare appositamente Daimoku e di segnalare la cosa a Roberto, membro dello staff delle pubbliche relazioni della Soka Gakkai italiana col quale avevo costruito negli anni una forte relazione. Essere riuscito quella sera ad andare oltre la stanchezza per valorizzare l'offerta di Alessandra per far conoscere gli ideali buddisti, contribuì a rendere possibile, nel 2001, l'inaugurazione a Matera della mostra sui diritti umani da parte dell'allora presidente della Repubblica Carlo Azeglio Ciampi.

Quando, qualche mese dopo, Roberto mi raccontò dell'evento, ebbi ancora di più la prova che ogni persona, oltre a essere degna del massimo rispetto, ha un potenziale incalcolabile, e che coltivare relazioni umane sincere e gioiose produce sempre un grande valore. Non era poca cosa che la massima carica istituzionale del Paese avesse partecipato a un'iniziativa ufficiale della mia scuola buddista.

La notizia mi rallegrò particolarmente perché in quei mesi stavo affrontando un nuovo problema di salute.

Mi era cresciuto, su una corda vocale, un piccolo nodulo, un ispessimento dei tessuti che ostacolava la produzione del suono. Non era in sé una cosa dolorosa, ma aveva l'effetto di rendermi afono dopo qualche ora che parlavo. Mi fu consigliato di riposare la voce il più possibile, cosa per niente semplice per un buddista che lavora alla radio. Mi fu prospettata, da un luminare consultato d'urgenza, un'operazione cui sottopormi appena finito il contratto in corso.

Ricordo con particolare affetto e gratitudine come i giovani uomini della mia zona si siano dati il cambio, la mattina all'alba, per diverse settimane, per venire a casa mia a guidare la cerimonia di Gongyo davanti al mio Gohonzon, permettendomi di seguirli con un "Gongyo muto".

Antonio, Luca, Stefano, Elvio e Marco, non lo dimenticherò mai.

Ogni giorno dovevo stare molto concentrato per usare al meglio, possibilmente senza errori di impostazione, la poca voce che avevo a disposizione. E iniziavo ogni puntata del "Ruggito" con la paura di non riuscire ad arrivare fino alla fine.

In quelle settimane mi dovetti sottoporre a un grande esercizio di umiltà e andare a prendere lezioni per imparare da zero a parlare e cantare. Dopo vent'anni di spettacolo, quindici di buddismo e dieci alla radio, pensavo di sapere quasi tutto sull'uso della voce e, invece, dovevo ricominciare dalle vocali – a, e, i, o, u – come un bambino piccolo che inizia a parlare.

Per uno abituato come me ad aprire la bocca e darle fiato, imparare a tacere è stato un esercizio molto istruttivo. In effetti la maggior parte delle cose che diciamo è inutile. Non è un caso, come diceva Zenone di Cizio, citato perfino in Giappone, che nasciamo con due orecchie e una sola bocca. Gli altri non ascoltano se parli tanto per dire. Per venire ascoltati bisogna parlare al cuore.

E a proposito di questo un rammarico, se proprio ne devo trovare uno nella relazione con Angelo, sta nel fatto di non avere sempre avuto il coraggio di dirsi fino in fondo tutto, anche quello che non andava. Il non detto, infatti, si stratifica come calcare sull'anima fino a incastrare gli ingranaggi interiori.

Avevamo avuto una prima crisi, un paio di anni addietro. Ero arrivato da qualche giorno in New Mexico e la comunicazione fra noi non stava funzionando bene. Mi sentivo fuori posto. L'estraneità ci stava sbriciolando. Era chiaro che nei mesi di lontananza ognuno di noi due aveva costruito e idealizzato un'immagine dell'altro che non era reale. Alla prova dell'incontro, di fatto, stavamo scoprendo con malinconia che la nostra relazione stava cambiando. Avevamo fatto quello che era necessario: continuare sarebbe stato attaccamento romantico.

Le nostre vite si erano incontrate per una rivoluzione, una trasformazione che dovevamo fare insieme. Apparentemente ci sentivamo un po' più estranei, in realtà ci conoscevamo sempre meglio, come dei cugini o dei fratelli. Avevo letto da qualche parte che il legame di *shakubuku*, cioè il parlare a un altro di come la pratica buddista ti cambia la vita, è il più profondo che esista, e dura nel tempo. Fatto sta che dopo qualche giorno di silenzi sospesi, mentre cercavo il momento adatto per chiedergli se mi volesse sposare a Las Vegas, gli domandai invece a bruciapelo, senza ragione:

«Ma tu vuoi stare con me»?

«No» rispose istintivamente, forse mentendo.

Feci le valigie in silenzio, e per completare lo psicodramma presi in affitto un'automobile all'aeroporto di Los Alamos e, dopo una notte insonne, scappai per un paio di giorni ad Albuquerque a casa di Michael e Miguel, per capire meglio cosa fare di me, di noi. Ero confuso e per provare a fermare la mente aiutai Michael a vangare l'orto, a strappare le erbacce dal basilico e a legare ai sostegni le piante di pomodoro.

Dopo un incontro non risolutore con Angelo, presi ancora la macchina, lasciai Albuquerque e andai a Tucson, in Arizona, ospite a casa del mio amico Van.

Era il giorno del mio compleanno, ero solo, in macchina avevo un'unica musicassetta che ascoltavo in autoreverse contenente *La cura* di Battiato. Amavo quella cassetta, ora non posso più ascoltarla senza provare fastidio.

La temperatura in Arizona era di centosette gradi Fahrenheit, quasi quarantadue dei nostri centigradi.

Van, molto carinamente, aveva prenotato per noi il miglior ristorante italiano di Tucson e volli sdebitarmi come una vera star dello spettacolo.

«Hai da fare nelle prossime settimane?» gli chiesi.

«No» disse lui, «sono in vacanza fino a metà agosto.»

«Ti va di venire con me qualche settimana alle Hawaii? Sarei felice se tu fossi mio ospite.»

Tre giorni dopo stavamo prendendo il sole a Waikiki Beach, Honolulu.

In effetti, se devi metabolizzare una separazione, è molto meglio farlo su una spiaggia tropicale frequentata da ragazzi gay, sorseggiando cocktail colorati.

È alle Hawaii che conobbi di persona la giovane ballerina che in una diretta alla radio, qualche anno prima, aveva pronunciato quell'"Aloha" così sexy che abbiamo campionato e che ancora oggi utilizziamo dopo tanti anni in trasmissione. Un ascoltatore friulano, Franz Sperandio, aveva lì un amico che mi combinò un incontro con lei. Era la fidanzata di un ex marine, ex guardia del corpo dei presidenti americani Ronald Reagan e George H.W. Bush, che, con la buona uscita della sua attività di gorilla presidenziale, aveva aperto una discoteca a Honolulu. L'amico di Franz, un altro friulano, mi aveva presentato come una star della radio italiana e lui, pensando che la cosa potesse essere utile alla ragazza, ci offrì un'ottima cena di pesce con tanto di danzatrici di tamurè in costume.

Non sono uno scroccone per natura, ma quella volta non mi tirai indietro.

23

Io e Angelo continuammo a prenderci e a lasciarci per un altro paio d'anni prima di capire che la missione del nostro incontro non era comporre versi al chiaro di luna ma incoraggiarci a creare singolarmente valore in quest'epoca di conflitti.

A pensarci bene era esattamente quello per cui avevo pregato per anni: trovare una persona per condividere questo. E le sue ricerche erano più importanti del nostro essere coppia.

Bisogna stare attenti a prendere decisioni quando si prega. La preghiera buddista è efficace e realizza quello per cui si è pregato. Il loto sviluppa contemporaneamente fiore e semi ed è stato scelto come simbolo dalla tradizione buddista proprio per spiegare come nella vita, quando si pone una causa, l'effetto è già presente in latenza nella profondità della vita stessa, e diventerà manifesto quando ci saranno le condizioni necessarie.

Dadina, la prima buddista italiana, scherzava sulla scientificità della Legge Mistica di Causa ed Effetto, sostenendo che può capitare, dopo un viaggio in Africa di desiderare di abitare lì, senza valutare le conseguenze di un semplice pensiero:

«Poi magari, in una prossima vita, ti ritrovi a nascere in un campo profughi del Darfur, in Ciad, durante una guerra civile o in ristrettezze economiche. E ti chiedi: perché sono nato qui, perché ho questo karma? Bisogna essere molto precisi quando si prega intensamente per qualcosa. Magari lo abbiamo dimenticato, ma siamo noi che decidiamo tutto quello che ci succede.»

A tale proposito, devo raccontare un'altra cosa bizzarra accadutami in terra americana.

Stavo da Angelo, nella sua nuova casa in affitto a Washington D.C. Abitavamo nella capitale già da qualche settimana e cercavamo di capire come affrontare una nuova, evidentemente ciclica, estraneità. Quell'anno lui non era potuto rientrare in Italia a Pasqua, come di solito faceva, e non ci vedevamo ormai da troppi mesi. Stavamo diventando consapevoli che, prima o poi, le nostre strade si sarebbero separate.

Per compensare la malinconia la mia mente si lanciava in ogni sorta di fantasia feticista che non avevo avuto ancora il coraggio di esplorare. Il fatto che, a mio parere, lui non comprendesse, dopo anni di relazione, le mie fantasie erotiche mi faceva andare fuori di testa. Non comprendevo che, semplicemente, a letto avevamo gusti diversi e questo invece, dal punto di vista emotivo, mi paralizzava. Da mesi avevo ricominciato ad avere ghiribizzi poligamici. E non solo ghiribizzi. Essendo in vacanza e avendo tanto tempo a disposizione cercavo di tenere a bada la mia animalità sfogandola in allenamenti in palestra, frequentazioni di buddisti locali e divorando uno dopo l'altro luoghi d'arte e cultura come lo Smithsonian Institution o il grande polo museale sul National Mall.

Fu così che scoprii come incrociare per caso lo sguardo del *Ritratto di Ginevra de' Benci* di Leonardo potesse avere un effetto sorprendentemente confortante sull'animo. Trovarmi di fronte, in un museo vuoto, un Tiziano, un Raffaello, un Van Gogh mi aiutava a spostare l'attenzione della mente. Presi allora a visitare ogni giorno un museo diverso.

Quanto appaiono piccole le nostre questioni di fronte allo scheletro completo di un Tyrannosaurus Rex nella celebre Fossil Hall...

Non avrei mai pensato, al Museo nazionale aerospaziale,

di poter riprovare, soltanto riascoltando l'audio gracchiante di quando Neil Armstrong posò il primo piede umano sulla Luna, le stesse emozioni di quella notte tra il 20 e il 21 luglio 1969, quando avevo sette anni e mi trovavo sul terrazzo della casa dei miei all'Appio Claudio a seguire quella storica diretta TV Rai.

E che puro godimento, visitando la collezione di arte orientale del Sackler Museum, nel riconoscere le opere del periodo di Kamakura, contemporaneo e successivo alla propagazione del buddismo da parte di Nichiren. La lettura costante nel tempo delle sue lettere ai discepoli aveva sedimentato nella memoria informazioni sul Pantheon buddista che ora riuscivo a leggere in quei capolavori, scoprendomi sorprendentemente preparato.

Da allora lo faccio ogni volta che mi sento in difficoltà, mi accosto all'arte, in ogni sua forma, e mi predispongo a farmi stupire.

Fu durante una di queste passeggiate enciclopediche nello scibile umano che, sempre recitando Daimoku, espressi il desiderio di avere a che fare con più regolarità con l'arte. Ikeda utilizza continuamente esempi artistici o letterari per le sue spiegazioni filosofiche. L'arte, nelle sue forme sublimi, può elevare lo spirito quanto e più delle religioni.

Proprio in quelle settimane ci era venuta a trovare a Washington Isa, una cara compagna di fede di Roma, amica di attività, che tanto mi aveva insegnato sullo spirito di servizio e sugli aspetti tecnici della segreteria dell'Istituto Buddista. Isa era un'amante dei viaggi *low cost*, e riusciva a trascorrere convenienti vacanze all'estero, nonostante a volte si sottoponesse a estenuanti attese in improbabili scali aeroportuali.

Convinsi Angelo a fare una gita insieme con Isa a New York, il weekend successivo. Sfiga volle che il giorno prima di partire ci fosse il grande blackout del 2003 del Nordest degli Stati Uniti. Avevamo già prenotato tutto, e riuscimmo per fortuna a prendere il primo treno Amtrak disponibile per la Grande Mela. New York era ancora per metà senza energia elettrica e le nostre stanze allo Sheraton Tribeca erano al diciottesimo piano senza ascensore. Insostenibile. Fu così che volli, come si dice a Roma, fare lo splendido, invitandoli tutti al Sofitel Hotel, che vantava luci accese, ma proprio per questo aveva disponibili soltanto un paio di suite non proprio a buon mercato.

Dopo una notte di litigi e incomprensioni con Angelo, con la cima illuminata del Chrysler Building a farci da testimone di separazione, ci facemmo trascinare da Isa a visitare il Guggenheim Museum sulla Fifth Avenue. La guida che lei consultava come una Bibbia assoluta riportava che quel giorno l'ingresso era gratuito, e da bravi italiani non potevamo perdere un'occasione simile. Fu una bella scarpinata arrivarci, e quindi non ci fece piacere trovarlo chiuso a causa dell'eccezionale blackout.

Delusi e amareggiati, ci mettemmo a curiosare attraverso le vetrine dell'ingresso per vedere se si riusciva a sbirciare qualche pezzetto di opera moderna e contemporanea. Niente da fare, tutto chiuso, tranne la porta a vetri del negozio del museo.

«Guarda che paraculi, il museo è chiuso, ma il negozietto di gadget, libri e poster è sempre aperto. Questo è il capitalismo, ragazzi» dissi io.

Entrai con Isa, seguiti da un gruppo di ragazzi toscani, solo per accorgerci che il negozio era deserto, abbandonato. Evidentemente, quando c'era stato il grande blackout lo avevano evacuato e chiuso seguendo tutti i protocolli, che qui in America sono sacri come precetti religiosi, ma avevano trascurato l'unico protocollo sensato, cioè verificare manualmente che le porte di ingresso fossero chiuse. Dal negozio, un varco si apriva direttamente dentro il museo: avevano lasciato aperto, accessibile a chiunque, senza sorveglianza, uno dei musei più belli del mondo, con opere di Picasso, Rousseau, Mondrian, Kokoschka, Modigliani, Accardi, Lichtenstein, Warhol, Haring, Rothko: un tesoro inestimabile a portata di mano e di ladro.

Feci per uscire e chiamare Angelo, che era rimasto fuori

a telefonare seduto su un muretto, ma non fu possibile. La porta, ora sì, era bloccata: eravamo rimasti chiusi dentro. Era l'inizio ideale di un film hollywoodiano.

Preso dal panico iniziai a recitare Daimoku all'istante insieme a Isa, e mi ricordai del pensiero formulato solo qualche giorno prima riguardo al sincero desiderio di vivere più in contatto con l'arte. Sì, certo, ma non in questo modo!

Entrai, in automatico, in modalità "protezione", allenata da anni di attività al Centro culturale buddista, e consigliai a una ragazza del gruppo di toscani di non addentrarsi nel museo per evitare di essere ripresa dalle telecamere o di far suonare degli allarmi, cosa che avrebbe di certo fatto materializzare un manipolo di *swat* armati fino ai denti.

Cominciai, sempre pregando, a esplorare tutte le porte a vetro del negozio. Feci dei gesti ad Angelo affinché chiedesse aiuto, ma lui era ancora al telefono, distratto, e non si rendeva conto dell'accaduto tanto che, a simbolo artistico della nostra disunione, mi fece pure "ciao ciao" con la manina.

«Lo vedi, proprio non ci capiamo» sussurrai a Isa, e ricominciai a cercare una soluzione, sempre pregando intensamente, fino a sentire un miracoloso quanto risolutivo *click*. Una delle porte a vetri, evidentemente difettosa, si era aperta. Con un sospiro di sollievo uscimmo dal museo. Restava ancora un piccolo problema, però: dovevamo avvisare qualche autorità che era stato lasciato, aperto e incustodito, uno dei musei più visitati al mondo.

Fermammo una passante con un bambino e le chiedemmo di chiamare la polizia. Arrivò un agente ben quaranta minuti dopo e ci ringraziò senza identificarci. In effetti, avremmo avuto tutto il tempo di entrare, scegliere e saccheggiare alcune delle opere meno ingombranti e allontanarci indisturbati.

Questo la dice lunga sui protocolli e l'illusione della security perfetta che piace tanto a quelle latitudini, e che a ogni check-in ci ha fatto sequestrare, negli ultimi decenni, tonnellate di forbicine, profumi, creme solari, bibite e quant'altro.

«Con chi stavi parlando?» chiesi piccato ad Angelo alla fine di tutto.

Era una telefonata col laboratorio, notizie sull'esperimento in corso. Cose di ordinaria amministrazione.

24

Due anni più tardi, a fine marzo del 2005, mi capitò, durante un brano musicale mentre ero in onda col "Ruggito del Coniglio", di buttare l'occhio, sulla posta di Maria Latella nella pagina romana del "Corriere della Sera".

C'era una breve lettera di Massimo Consoli, uno dei padri fondatori del Movimento di Liberazione Omosessuale in Italia. Massimo chiedeva:

Cosa sta succedendo nella comunità varia LGBTQ *romana? Molti dei miei amici stanno diventando buddisti. In un Paese di profonde tradizioni cattoliche come il nostro, gay e lesbiche, transessuali e bisessuali della capitale cambiano religione, ma non per diventare ebrei, protestanti o musulmani. In questi mesi sto affrontando un importante problema di salute e mi piacerebbe conoscere di più su questo mantra benaugurante Nam-Myoho-Renge-Kyo [scritto bene]. C'è qualcuno che mi può dare maggiori informazioni? Luciano Massimo Consoli.*

Ero sorpreso. Evidentemente Consoli stava parlando di noi. Quella lettera era il risultato delle azioni di tante persone per estendere la rete di amicizia e solidarietà nella comunità gay romana. Avevo partecipato personalmente a diversi scambi interreligiosi e riunioni di attivisti LGBTQ nella capitale a nome del gruppo buddista. Il fatto che una personalità come Massimo, scrittore, giornalista, traduttore e attivista, si interessasse a noi mi emozionava profondamente; era la prova che la direzione che avevamo intrapreso anni prima, con mille dubbi ed esitazioni, era stata utile, era la via giusta.

Scrissi un breve messaggio di risposta, segnalando l'esistenza, gli scopi e i recapiti del Gruppo buddista Arcobalena di Roma e lo spedii, dopo qualche giorno di correzioni e riscritture alla ricerca della forma perfetta, alla mail indicata sul giornale.

Non venne mai pubblicato. Il giorno in cui, secondo i miei calcoli, sarebbe dovuto apparire sui giornali, i quotidiani come tutti gli altri media nazionali furono sconvolti dalla notizia della morte di papa Giovanni Paolo II. Probabilmente il "Corriere" aveva ritenuto inappropriato dare voce, in quel momento, ad argomenti come buddismo e omosessualità.

Restava il problema di come rintracciare Consoli. Spargendo la voce, un paio di mesi dopo venne fuori che un ragazzo del gruppo era amico di un suo parente. Riuscimmo così a rintracciare il suo numero di telefono e a fargli visita nella sua casa di Frattocchie sull'Appia Nuova, a Sud di Roma.

Viveva lì come in un eremo, insieme alla famiglia di Lorenzo, il figlio trentenne che aveva adottato già maggiorenne. Stava seduto in poltrona, immerso in un disordine apocalittico di libri, scritti e fogli impilati. Massimo era un'anima gentile, era colto, sensibile e sempre incoraggiante. Dopo avergli spiegato con timidezza, insieme a Carlo del gruppo Arcobalena e Fabrizio Morgan, il mio nuovo compagno, che avevo da poco incontrato dopo la fine della storia con Angelo, in cosa consiste la pratica buddista e avergli regalato qualche libro introduttivo, cominciammo a parlare di tutto.

O meglio, Massimo iniziò, come un fiume in piena, a raccontarci la storia del Movimento di Liberazione Omosessuale a Roma e in Italia, l'opposizione della Chiesa, della politica e dei media, l'evoluzione, come lui la chiamava, della "comunità varia" in Europa, con la stesura della Carta di Amsterdam del 1969, il primo documento in cui si è parlato espressamente di diritti omosessuali, fino al delitto Pasolini. Poi ci raccontò dell'arrivo dell'Aids e di come – a spese sue – fece stampare i primi depliant informativi da distribuire nei locali, con le linee guida per proteggersi dall'infezione. Depliant che Arcigay fotocopiò e distribuì in seguito come propri. Erano gli anni in cui si stava diffondendo la tecnologia telematica del *drag and drop*, il copia e incolla.

Quello fu solo il primo dei nostri incontri, nell'arco di due anni e mezzo parlammo di tutto: religione, associazionismo, salute, relazioni, sesso e diritti. I dottori gli davano sempre pochi mesi di vita per via di un brutto male ma, come posseduto dalla sua missione, Massimo si ostinava a restare in vita: in quel periodo riuscì a pubblicare tre libri, e innumerevoli articoli e prefazioni, dimostrandoci che per vivere o sopravvivere a un problema, bisogna avere un motivo per farlo, altrimenti il male prende il sopravvento.

Massimo sosteneva che solo un'altra religione, moderna e illuminata, poteva tenere testa alle vecchie grandi religioni monoteiste omofobe e repressive.

«Il monoteismo è nato in Egitto, grazie al culto inventato dal faraone Akhenaton. Quelli dopo hanno tutti copiato da lui» ripeteva spesso scherzando.

Era così convinto che senza memoria non potesse esserci futuro, da aver passato mezzo secolo a ritagliare articoli, raccogliere libri, oggetti, volantini, dischi, spillette, t-shirt, fino a formare l'Archivio Massimo Consoli, il più ampio d'Europa e uno dei più consistenti al mondo, per raccontare "il fiorire e rifiorire" della cultura gay in tutte le sue forme.

La sua ossessione verso il benessere dei singoli individui era diventata una sorta di "hobby gay", termine lontano anni luce dal concetto di "lobby gay", come qualche squallida creatura senza argomenti ama definire le nostre battaglie di liberazione.

Caro Massimo, non dimenticherò mai come guardavi il piccolo Omamori Gohonzon portatile, mentre recitavamo

Daimoku con Carlo e Fabrizio Morgan, all'ottavo piano del Policlinico Gemelli, due giorni prima che l'ennesima emorragia ti portasse via.

Abbiamo cercato di accontentare la tua richiesta, salutandoti con una cerimonia buddista al nostro Centro culturale, in cui mi è sembrato tu volessi quasi indicare, con il tuo corpo, il Gohonzon e la profondità dell'umanesimo buddista ai leader dell'associazionismo LGBTQ nazionale, come ultima azione da attivista per i diritti umani.

Una volta ho persino avuto il dubbio che tu mi dessi retta riguardo al buddismo solo per incoraggiarmi personalmente ad andare avanti nella battaglia verso l'uguaglianza. Sappi che il desiderio sincero che l'altro diventi felice è di per sé la base di ogni buddismo. Ma tu questo, profondamente, già lo avevi compreso con la vita. Grazie anche per questo esempio.

In questi anni tante cose sono cambiate. I giovani gay e lesbiche stanno beneficiando degli sforzi incessanti e delle battaglie della tua generazione di combattenti. Addirittura in un Paese arretrato come il nostro si è riusciti, di recente, a formalizzare e approvare una legge che tuteli un minimo di diritti per noi e per i nostri amici. Eravamo rimasti tra gli ultimi in Europa. Pensa che negli Stati Uniti, in tutti gli Stati, ora sono previsti sia matrimoni egualitari che adozioni.

La Chiesa cattolica, quando ha capito che la società civile ormai stava evolvendo velocemente fuori del suo controllo, ha iniziato a prendere le distanze dagli omofobi più convinti, che appaiono sempre più ridicoli e isolati dopo che il nuovo papa, un argentino simpatico e schietto, ha dichiarato su di noi: "Chi sono io per giudicare?". Anche loro stanno cambiando. Non ci crederai, ma attualmente ci sono due papi, uno in carica e uno in pensione, dopo che il pastore tedesco si è dimesso dalla carica deponendo il pastorale.

La "comunità varia" è sempre divisa e litigiosa. Purtroppo ci sono alcuni leader che hanno frainteso la militanza considerandola un mestiere, piuttosto che un servizio agli altri. Si preferisce per esempio organizzare serate in discoteca invece che fare prevenzione e pensare alla salute delle persone. Non che abbia niente in contrario all'organizzazione di serate danzanti gay, ma con la crisi in atto che non accenna a diminuire, trovo avido chiedere venti euro per un ingresso e consumazione con gin da discount. Il circuito dei bear in alcuni esperimenti a Roma ha dimostrato che si possono dimezzare i costi.

Anche nell'Istituto Buddista, poco dopo la tua morte, i gruppi LGBTQ sono diventati ufficiali a livello regionale, ma pensa che in America organizzano ogni anno dei convegni continentali che ricevono messaggi di incoraggiamento dal nostro maestro Ikeda direttamente dal Giappone.

Caro Massimo, in questi anni mi sono fatto l'idea che i nostri peggiori e più pericolosi nemici siano gli stessi gay, quelli che non si accettano, provando un sentimento di disprezzo e inferiorità nei confronti di se stessi, sentimento chiamato dagli esperti "omofobia interiorizzata".

E così le leggi che ci tutelano rischiano di essere inutili se non cambia l'ambiente culturale in cui si vive. Dopo secoli e secoli di persecuzioni e discriminazioni, senza una vera uguaglianza nei nostri cuori, non ci sarà mai fine al pregiudizio.

Sono almeno vent'anni che a turno arriva qualcuno che mi chiede:

«Che bisogno avete di vedervi separatamente? Così rischiate di ghettizzarvi.»

Chi pensa in questo modo non ha memoria delle tragedie del passato e non ha una visione ampia di come potrebbe essere il futuro.

La situazione, al momento, è questa: in Russia è un reato fare propaganda "gay", in India è un illecito per cinquanta milioni di cittadini essere se stessi, in Cina e in Giappone non c'è nessun riconoscimento per le coppie. Gli atti omosessuali sono invece illegali in settantotto Paesi e, tra Africa e Medio Oriente, in sette è prevista ancora la pena di morte.

Il fatto che sui media si sia parlato in maniera più o meno folkloristica e ossessiva di queste tematiche ha avuto l'effetto di un aumento preoccupante di fenomeni come insulti e aggressioni. Che la maggioranza della gente non stia ancora bene e abbia bisogno di un incoraggiamento specifico è dimostrato dalla grande diffusione di droghe per vivere nella sessualità una felicità chimica che non si riesce a sperimentare altrimenti.

Particolarmente ridicola e scandalosa è stata la campagna stampa contro una presunta "ideologia del Gender", inventata in un certo ambito cattolico conservatore, per fortuna molto limitato, per scagliarsi contro gli "studi di genere" affermando che questi studi siano nati appositamente col progetto di distruggere la famiglia tradizionale. Attorno a questo tema è stata montata una polemica del tutto strumentale che ha coinvolto, in una crociata di ignoranza, anche i vertici d'Oltretevere e ha avuto l'effetto pratico di bloccare la diffusione nelle scuole italiane di un opuscolo, uno strumento didattico a disposizione degli insegnanti, mirato a individuare casi di bullismo scolastico, per affrontarli e combatterli.

Mi sono reso conto che si tratta di tematiche che rimbombano nella mente di ogni individuo in modo diverso a seconda della percezione di sé e della visione d'insieme, ed è necessario agire con cautela e preparazione quando si parla di questi argomenti, cercando di mettersi nei panni di ciascun interlocutore.

Dal punto di vista pratico e per esperienza personale, mi sono convinto, caro Massimo, che si arriverà a una reale liberazione solo attraverso l'emancipazione di ogni singolo individuo. Se non si ha la fortuna di nascere in un Paese con legislatori illuminati, bisogna prendersi da soli la libertà, è inutile chiedere il permesso o cercare approvazione – che, comunque, non sarebbe egualitaria. Solo con un atteggiamento sicuro e risoluto si ottiene il rispetto dell'ambiente in cui si vive.

L'Aids in Occidente è ormai una malattia praticamente cronicizzata, e il mio ex fidanzato Angelo, dopo dodici anni dall'inizio di quell'avventura oltreoceano, è stato invitato dal Nobel francese che nel 1983 scoprì l'HIV a far parte di un gruppo di trenta ricercatori, tra le maggiori autorità al mondo, per studiare una possibile eradicazione. È molto ottimista sul fatto che siamo ormai vicini a una soluzione definitiva. Sono partiti dei trial clinici molto promettenti. Questa prospettiva mi aiuta a sopportare meglio gli effetti collaterali delle terapie antiretrovirali.

Il Comune di Roma ti ha celebrato, Massimo, ponendo una targa davanti alla casa dove sei nato, e la tua cara amica Alba Montori tiene sempre viva la tua memoria facendo attività sui social network e restando in contatto con la comunità che hai sostenuto per tutta la vita. No, non sono ancora andato a rendere omaggio alla tomba del pioniere dei nostri diritti Karl Heinrich Ulrichs all'Aquila, dove mi invitavi ogni anno, ma ti prometto che ci andrò appena avrò qualche ora libera.

Ci incontreremo ancora, Massimo caro, per festeggiare la vittoria e l'uguaglianza per tutti e tutte.

Torna presto perché abbiamo ancora un sacco di cose da fare.

Grazie di cuore.

25

Qualche volta, quando sono sotto pressione, le notti sono difficili. Mi capita di svegliarmi diverse volte durante il sonno in preda a sogni vividi e così pieni di particolari da avere l'impressione di trovarmi dentro un film in bianco e nero, perché io sogno in bianco e nero. Il problema è che si tratta sempre di un film che non andrei mai a vedere al cinema. Il risveglio di soprassalto è spesso preceduto da situazioni apocalittiche, funerali, tumulazioni, un incidente aereo, una strage di persone care, insomma sempre qualcosa di angoscioso.

Ho imparato a convivere con questa dimensione onirica come si fa con un fastidioso compagno di viaggio. So che si tratta solo di brutti sogni.

Se mi sveglio di soprassalto comincio a recitare Nam-Myoho-Renge-Kyo molto lentamente concentrandomi sulla respirazione, rallentandola, fino a diminuire la frequenza del battito del cuore, come facevo anni fa quando studiavo le tecniche da attore. Qualche volta ci riesco e mi riaddormento subito e qualche volta no. Nel convincere me stesso di essere manifestazione delle Legge Mistica, quando inizio a sentirlo col corpo, nel silenzio della notte ordino ai miei organi interni di ritrovare l'armonia perduta. A seconda dell'orario in cui mi sono svegliato e di come sto, decido cosa fare. Lo decido in fretta, perché con una sveglia che mi aspetta spietata alle 5:30 risolvere o meno il problema farà la differenza nella mia resa alla radio. Ho solo la possibilità di vincere nel momento presente.

Se non mi riaddormento, allora inizio a fare l'inventario del corpo. Provo a cercare una posizione più confortevole nel letto. Se ho una puntina d'asma, di cui soffro spesso a causa di diverse allergie, mi concentro per far vibrare il suono della preghiera proprio in quel punto, con la convinzione che, se la Legge permea tutti i fenomeni, deve permeare anche i miei bronchi. Col tempo ho imparato a farlo anche per un tendine del piede o per un mal di denti che non passa nonostante abbia già preso un analgesico.

Non ci sono insegnamenti scritti riguardo l'uso meditativo del Daimoku, ma ho notato che l'esercizio prolungato, negli anni, mi ha reso sempre più abile in questa capacità di automonitoraggio e riprogrammazione. Ho sperimentato che quando provo dolore, se entro in contatto con la sofferenza, la accolgo, e accetto momentaneamente la situazione, posso influenzarne la percezione. Capita così che non abbia più paura delle emozioni e dei pensieri negativi che derivano da quella situazione e riesca a cambiare la direzione della mente. La sensazione è quella di trovarsi davanti a un bivio. Da una parte percepisco il meccanismo distruttivo di autobiasimo, ansia, ruminio depressivo e disagio. Dall'altra, ragione ed esperienza mi dicono che "i pensieri sono fatti", cioè che "io sono i miei pensieri". L'abilità sta nel sostare davanti a questo bivio prendendo possesso di sé, della mente e del cuore insieme, *kokoro* (o *shin*), come si dice in giapponese. Per questo ho bisogno della preghiera, per fissare la concentrazione su un punto neutro, attivo, potente di suo, che mi faccia sentire che posso incidere sulla realtà, percepita o oggettiva che sia.

Se non lo faccio, e mi lascio andare alle mie tendenze ansiogene, l'attenzione inizia a vagare, si fissa a caso su dettagli insignificanti e fastidiosi, come il vento sulle tapparelle di legno, la goccia che cade dal rubinetto della doccia, che colpevolmente non ho trovato il tempo di aggiustare nelle ultime settimane, o il ticchettio dell'orologio della cucina. A quel punto rischio la caduta libera, il dolore si espande, prende possesso di corpo e ambiente fino a diventare un universo intero di malessere.

Ma posso anche al contrario decidere, in virtù del principio buddista espresso dal carattere Myo, "mistico", di trasformare la *comunque mia,* peraltro quasi sempre inutile, arrabbiatura in gioia e benefici per me e per gli altri. Il segreto sta tutto lì, nella direzione che riesco a dare al cuore e alla mente insieme, al *kokoro*, nel momento presente.

Così facendo, tentativo dopo tentativo, in genere mi distraggo dal "problema" e riesco a riaddormentarmi.

Durante un attacco di insonnia, girovagando su Internet in un'alba rosa, ho scoperto che questi meccanismi della mente, che ho potuto osservare applicando la fede in maniera artigianale, hanno un nome: *mindfulness*, che poi sarebbe la traduzione di *sati*, che in lingua pali, la lingua utilizzata dal Budda Shakyamuni per i suoi insegnamenti, significa "consapevolezza" o "attenzione" sollecita.

Sarà anche per questo che ne *Il conseguimento della buddità in questa esistenza* Nichiren insegna:

Il commentario della scuola T'ien-t'ai afferma: "Se non si percepisce la natura della propria vita, non si possono sradicare le proprie gravi colpe". Questo implica che finché non si percepisce la natura della propria vita [per vita qui si intende il termine kokoro, *cioè mente-cuore], la pratica sarà un'infinita e dolorosa austerità.*

Che tradotto potrebbe diventare: se non capisci come sei fatto e non provi a incarnare questo insegnamento facendo la tua rivoluzione umana, o provando quantomeno a migliorarti, cercando di scardinare i soliti circuiti mentali che ti fanno soffrire, la tua pratica sarà un'inutile rottura di coglioni.

La sofferenza va affrontata, non rimossa. Se ancora, dopo vari tentativi, non mi riesce di prendere sonno, provo a mettere nella preghiera l'intenzione più virtuosa di cui sono capace: prego per la vittoria dei miei compagni di fede, per la protezione dei miei amici, della mia famiglia e del mio nuovo compagno di vita, Fabrizio Morgan.

L'ho incontrato una sera in un locale della capitale. Quella mattina, un venerdì di fine aprile, eravamo andati a fare un "Coniglio & Friends" a Porto Sant'Elpidio. Dopo la diretta e l'abbraccio col pubblico ci era toccato un estenuante rientro in pulmino. A seguire avevo scritto, al telefono con Marco, l'editoriale settimanale per la prima pagina del "Messaggero" di Roma. Quando riuscimmo a finirlo eravamo veramente devastati dalla stanchezza. Restava solo il letto.

Ricordo che mi ci buttai sopra pensando di saltare addirittura la cena. Sentivo però che mi restava, dopo la separazione definitiva da Angelo, una sensazione di frustrazione profonda per il fatto di trascorrere un altro venerdì da solo. Se avessi assecondato quel pensiero, mi sarei sì riposato, ma con un retrogusto deprimente di sconfitta.

Mi venne in mente un'esperienza fatta a San Francisco anni prima. Stavo metabolizzando la seconda separazione da Angelo dopo uno dei nostri litigi, e andavo tutte le mattine a recitare a casa di Chico, che per la sua bellissima esperienza di fede considero ancora adesso un punto di riferimento in quella città.

Una mattina, dopo Gongyo, mi fece leggere a voce alta il Gosho *I desideri terreni sono illuminazione*. Conoscevo bene, in teoria, il pensiero di Nichiren sul desiderio. Secondo lui non va rimosso, come sostengono i buddismi precedenti, per eliminare la sofferenza, ma compreso, trasformato e utilizzato come carburante verso la propria illuminazione. Bisogna provare a illuminare la nostra relazione col desiderio. È stata questa una delle grandi novità del buddismo di Nichiren Daishonin. Finita la preghiera Chico mi disse:

«Sei a San Francisco da due settimane, ma ti stai divertendo? Sì, va bene che ti sei lasciato, ma perché non approfitti del fatto che sei a San Francisco per distrarti e *giocare* un po'?»

In effetti aveva ragione, mi era preso, come mi succede spesso, il pallino di fare solo il turista culturale. Ma sarebbe stato un peccato avere a disposizione quel luna park senza salire sulle giostre. Avevo tutte le carte in regola per divertirmi: ero in vacanza, ero single, e finalmente avevo un po' di tempo a disposizione in una città dove non mi conosceva nessuno e non correvo il rischio che mi venisse chiesto un autografo per la zia.

L'esperienza fu incredibile, forse perché il consiglio veniva da una persona di grande fede in cui avevo la massima fiducia. Decidevo un tipo di avventura sessuale che non avevo mai avuto il coraggio di vivere – un desiderio terreno come un altro – e pregavo per realizzarla. Uscito per strada, mi capitava di incontrare immediatamente la persona giusta. Mi sembrava che a San Francisco fossero tutti meravigliosi e la cosa si ripeté per tre, quattro, cinque giorni di seguito, convincendomi del fatto che pregando con l'*ichinen* giusto, la decisione risoluta, la precisa direzione della mente, e facendo l'azione concreta, si attiva qualcosa nell'ambiente che, a quel punto, non può fare altro che risponderti. Per un timido come me si trattò di una vera rivoluzione copernicana, che aveva del miracoloso.

Così, quel venerdì sera di aprile feci un po' di Daimoku per scrollarmi di dosso la stanchezza e dissi a me stesso:

"Tu adesso prendi quel culo moscio che ti ritrovi e vai a incontrare un po' di gente in un locale. La tua vita non può essere solo lavoro, lavoro, lavoro e attività buddista, specie se poi non sei contento perché continui a sentirti solo."

E così uscii, cercando di rivivere la leggerezza di quando andavo in cerca di compagnia in quelle giornate a Folsom Street. Mentre raggiungevo il locale si era insinuato nella mente un retropensiero che mi diceva che queste cose possono accadere solo all'estero, ma feci lo sforzo di cacciarlo dalla testa, e ci riuscii.

Ed ecco che nella penombra del locale mi si avvicinò un ragazzo *mooolto* carino, con un boccale in mano, e mi chiese schiettamente:

«Ti va di bere una birra?»
«Certo» risposi io.
Lui mi offrì direttamente il boccale da cui stava bevendo. Quella sfacciataggine mi fece molto ridere e dopo qualche chiacchiera divertita lo invitai a casa mia dove passammo l'intero weekend, non certo per discutere di giardinaggio.

Fabrizio Morgan trovava bizzarro che avessi la casa piena di conigli di ogni materiale. Non ascoltava la radio e solo dopo un paio di settimane, quando una sua cara amica gli ordinò: «Fatti dare una maglietta!», si rese conto di quale fosse il mio lavoro. Il lunedì successivo, tornando a casa dalla Rai, me lo ritrovai davanti casa. La sera prima gli avevano rubato il cellulare e mi stava aspettando da ore sotto il sole nel timore di aver perso il mio numero e di non riuscire più a rintracciarmi. Che cosa romantica!

26

In quel periodo, oltre alla radio, con Marco lavoravo anche in televisione per la terza annata di "Dove osano le quaglie" su Rai3. Ero riuscito da poco ad acquistare, in contanti dopo decenni di risparmi, una casa più vicina al lavoro. Niente male a quarant'anni, senza chiedere mutui o soldi in prestito, con le mie sole forze. Era davvero una bella soddisfazione.

Avevo iniziato a vedermi con Morgan tutti i giorni. Ed eravamo andati subito a vivere insieme nella casa nuova, accampati, praticamente senza mobili. Non ci conoscevamo ancora, e lui già mi aiutava a bagnare le piante del terrazzo pur di passare più tempo con me. Quando si crea un forte legame fra due persone, in fondo, non c'è bisogno di nient'altro. L'innamoramento genera comodità e soddisfazione di per sé. L'amore non ha bisogno di niente se non di se stesso. Mi ero reso conto che Morgan corrispondeva esattamente all'identikit che mi ero prefigurato otto anni e quattro mesi prima davanti al Gohonzon in quel Gongyo di Capodanno del 1997. «Dove stavi? Dove sei stato tutto questo tempo?» gli chiedevo.

«Tutto questo tempo quale? Sono giovane, a scuola o per strada, dove vuoi che stessi?» rispondeva lui ridendo.

Per atteggiarmi a poeta, potrei dire che gli si illumina il viso ogni volta che ride. Era bello, era tutto troppo bello per essere vero, e mi chiedevo incredulo: "Dove sta la fregatura?". Semplicemente non c'era. Morgan aveva avuto una vita avventurosa, travagliata e ora cercava un approdo sicuro.

Eravamo complici e disposti a mandare all'aria qualsiasi convinzione sul sentimento, per conquistare l'altro. A lui, che aveva il dono naturale della bellezza, non importava affatto che io fossi palestrato. Perché allora tanti anni di sacrifici in sala pesi? Con tutti gli sforzi che avevo fatto, ma guarda te, mi avrebbe voluto un po' grassoccio. E devo dire che col tempo mi è riuscito di accontentarlo.

Ero incantato dalla sua spregiudicatezza. Morgan mi aveva costretto a prendermi un po' di tempo per il divertimento fine a se stesso, cosa che mi ero concesso troppo raramente, negli ultimi lustri. In cambio chiedeva solo che gli volessi bene.

Nei primi giorni passati insieme Morgan mi aiutò nella memorizzazione dei testi per il programma TV, con cui ho sempre avuto seri problemi per via dell'emotività. E sorprendentemente col suo aiuto riuscii, attraverso il gioco di associazioni che aveva inventato per me, a ricordarmi quasi tutto.

Gli tirai subito un tranello invitandolo a fare il pubblico nell'ultima puntata delle "Quaglie" al Teatro delle Vittorie. Avevo evitato però di avvisarlo che il buffet che avevamo fatto allestire era ripreso dalle telecamere per una imbarazzante candid che venne mostrata in onda. La piramide di crocchette sul suo piatto e il suo viso risultarono i più appariscenti.

Siamo dispettosi come due scimmie, ci canzoniamo, litighiamo, per poi dimenticarcene, dopo qualche attimo, in cambio di una coccola.

Siamo due Cancri, lunatici, magnetici, irascibili, malinconici, permalosi e meteoropatici. Se ci prende male, stateci lontano. Se ci prende bene, venite a brindare con noi sul bagnasciuga al tramonto.

Morgan ha iniziato subito a praticare il buddismo e a inserirsi, a modo tutto suo, nelle varie comunità dei miei amici. Mi immaginavo, di fronte al suo passato spericolato, che avrei potuto impiegare anni nel cercare di spiegargli quanto fosse conveniente basare la vita sulla creazione di valore buddista. In realtà è lui che sta insegnando a me quanto può essere veloce e incisivo un cuore compassionevole. Mentre io perdo tempo a razionalizzare una sofferenza altrui e ragiono sull'azione più giusta da fare, lui sta già abbracciando la persona, la rassicura e la alleggerisce dal dolore.

Abituato da sempre a vivere da solo, sono stato costretto a imparare a sentirmi a mio agio anche nel caos di un armadio condiviso. Penso che abbia t-shirt a sufficienza per un paio di secoli.

Ridiamo, ridiamo continuamente. Ridiamo la mattina appena svegli, ridiamo a letto, ridiamo facendo la spesa, ridiamo di aver bisticciato. I motivi per cui litighiamo sono quelli di tutte le coppie del mondo. Io metto le posate in fila nella lavastoviglie, lui come capita. Io ripongo le chiavi sempre nella stessa tasca e sullo stesso mobile quando ritorno a casa. Lui le lascia dove gli è più comodo, col risultato che ogni volta che deve uscire le cerca per decine di minuti. Mi sono rassegnato pure al fatto che non rimetta mai il latte in frigo o dimentichi di tappare il dentifricio. (Una volta, amore, lo potresti anche fare: dà soddisfazione e non si spreca.) Colleziona zaini, cappelli, multe, libri, soprammobili etnici. Ciclicamente sono costretto a girare per casa di nascosto con un grosso sacco nero per cercare di recuperare un po' di spazio. Come me, ogni volta che vede un gadget divertente, si sente costretto a comprarlo, proprio non riusciamo a evitarlo. Lui però ha più tempo a disposizione, il che gli ha permesso di conquistarsi a pieno il titolo di Lady Gadget.

La necessità di un così immenso numero di scarpe, poi, resta per me un mistero. Che ci dovrà mai fare con venti paia solo da ginnastica? Potrei capire se fosse uno sneaker feticista dei piedi o se facesse jogging due volte alla settimana. Ma forse gli dà semplicemente sicurezza sapere di avere tanti cambi come la Barbie. Io, invece, posso mettere lo stesso paio tutti i giorni per un anno intero. E infatti mi capita di entrare in uno studio televisivo, accorgermi di essere vestito come un clochard, vergognarmene, e andare a comprare un nuovo paio di scarpe. Devo ammetterlo, lui ha molto più gusto, e il fatto di avere le stesse taglie mi ha messo a disposizione un guardaroba praticamente infinito. Niente male per uno come me che in genere si alza e si veste al buio afferrando la prima cosa che trova nell'armadio.

Ammiro inoltre la sua curiosità enciclopedica, che può spaziare dai libri antichi al canto, dalla riflessologia plantare alla gemmologia, passando per l'egittologia, l'ufologia e la chitarra classica.

E resto disorientato ogni volta che lo vedo preparare i festeggiamenti per un amico, un parente, o quando c'è da visitare una persona malata: mi batte, senza neanche gara, sia in generosità che in trasporto. A proposito di *trasporto*: guida il motorino per le strade della capitale come Charlton Heston le quadrighe in *Ben-Hur*. Penso al caro gentile amico Tomonori di Tokyo, cui una volta ha fatto da cicerone su due ruote per una settimana, che resterà eternamente giovane perché credo che l'esperienza lo abbia traumatizzato e gli abbia bloccato il metabolismo per sempre.

Penso spesso a Betta: solo lui riusciva a farla ridere durante la malattia che ce l'ha portata via sette anni fa. In una delle ultime chiacchierate che ci siamo fatti mi ha detto: «Tu a Bellobix» così lo chiamava «gli devi soltanto volere bene».

E aveva ragione. Ci sono cose che una persona ha dentro e altre che si possono imparare. La vita aveva ribadito a Morgan quali sono quelle importanti, che lui aveva già tutte dentro, e questo lo ha reso un vero fuoriclasse d'umanità. Trova ogni volta il bene, nonostante le asprezze della sua esperienza esistenziale. Rompe sempre gli stereotipi, e ha ragione di farlo perché così può vivere la vita che si sceglie ogni giorno. Si prende cura di quelli che gli stanno intorno e non li molla finché non sono usciti dalla fase acuta del dolore. Va dritto al punto e questo lo rende capace di dare i consigli migliori. Vive alla giornata e non si arrende mai, perché crede che ci sia sempre una speranza, una possibilità. Avrebbe la fortuna di poter dormire fino a tardi ma sono più le volte che si sveglia con me per prepararmi la colazione, che faccio sempre prima della preghiera, e si arrabbia se io mi alzo dal tavolo della cucina quando lui non ha ancora finito il caffè. L'ansia di sentirsi amato lo rende talvolta improvvisamente fragile. Non è facile stare con qualcuno come me che ha sempre qualcosa da fare, e se non ce l'ha se la va a cercare. Raramente, invece, diventa scontroso e intrattabile. Oramai ho imparato che se sta così ha senza dubbio la febbre alta o un altro problema fisico. Basta saperlo e tenersi a qualche metro di distanza per il tempo necessario, lanciandogli le medicine da lontano.

Mi è venuto naturale, durante la puntata in diretta del "Ruggito del Coniglio" dal Teatro dell'Opera del Casinò di Sanremo, mandargli dalla radio un saluto e un bacio per San Valentino. Lui si è commosso ma quello che ha commosso me sono state le centinaia di messaggi di affetto ricevuti sui social per aver fatto questa azione pubblicamente. È incoraggiante scoprire che l'amore possa ancora fare notizia. Dovremmo esprimere tutti più coraggiosamente l'amore che proviamo per le persone, per le cose e per la vita.

Una grossa novità di questi ultimi anni, non so se dovuta all'approfondimento buddista, alla maturità o all'appagamento, è che sono diventato quasi monogamo. Non è stata una decisone razionale, voluta o perseguita. Semplicemente, con naturalezza è accaduto. È una cosa strana per me. Proprio recentemente una ricerca di paleontologi italo-tanzaniani ha dimostrato la poligamia dell'*Australopithecus afarensis*, un ominide progenitore dell'uomo, e sono convinto che presto si arriverà a dimostrare come non-naturale la monogamia e la castità una patologia.

In questo senso devo dire che talvolta un po' mi manca il brivido animale delle nottate di cruising. Trovo che non ci sia un modo migliore per conoscere una persona al primo incontro, conoscere la sua anima, intendo, se non toccandogli il corpo. Forse molti gay non si troveranno d'accordo con questa riflessione, ma in base alla mia esperienza credo che non esista altro metodo, a buon mercato, per conoscere bene la propria e l'altrui sessualità, e sarebbe un vero peccato essere arrivati a fine vita senza aver conosciuto neanche se stessi. Certo, la percezione cambia a seconda delle varie fasi della vita e delle esperienze che si sono o non si sono fatte, ma resta anche vero che si invecchia, ma non invecchiano i desideri, o almeno non sempre.

Visto che è della ricerca della felicità che stiamo parlando, perché essere felici solo con la mente? Non è meglio essere felici e realizzati anche con il corpo? Siamo umani e in questa ricerca fondamentale della felicità non ci possono essere limitazioni, o ambiti proibiti, se non nuociamo agli altri. Io intendo così questo passo, sempre dalla lettera di Nichiren Daishonin *Il conseguimento della buddità in questa esistenza*:

[Il Sutra di Vimalakirti afferma che] se la mente degli esseri viventi è impura, anche la loro terra è impura, ma se la loro mente è pura, lo è anche la loro terra; non ci sono terre pure e terre impure di per sé: la differenza sta unicamente nella bontà o nella malvagità della nostra mente.

Non era sant'Agostino ad affermare: "Ama e fa' ciò che vuoi"? Perché allora, per dare un po' di dignità alle nostre relazioni in un Paese credente come l'Italia c'è voluta tanta fatica e tanto tempo? La libertà sessuale è un diritto umano vero e proprio. E perché in Italia e nel mondo c'è ancora tutto questo perbenismo? Donne di tutti i continenti, che aspettate a liberarvi? Coraggio, questo è il vostro secolo!

27

Ho sempre avuto l'impressione di essere una persona molto fortunata. Ma nel corso degli anni, come ho detto, mi sono fatto l'idea che la buona fortuna possa essere in qualche modo corteggiata. Alle riunioni di studio, Amalia Miglionico – Dadina, come la chiamavamo tutti – con i suoi modi schietti e diretti, ripeteva spesso alcuni consigli su come pregare davanti al Gohonzon, che lei chiamava scherzosamente "l'*elettrodomistico* che ci mettiamo in casa", come fosse una lavatrice, per liberarci dalle fastidiose macchie del karma negativo. Diceva: «Se il karma che si manifesta non ti piace, ti metti lì davanti e reciti Daimòku finché non cambia». (Dadina metteva l'accento sulla o, mentre ora, nello slang "buddese" romano, viene più comunemente messo sulla a.) Poi scherzava con l'intento di far sentire tutti i presenti a loro agio: «Pratichi meglio davanti al Gohonzon. Provate a farlo davanti alla lavatrice. Non è la stessa cosa».

Ma aveva un profondo rispetto per l'Oggetto di culto, un rispetto che trasmetteva con tutto il corpo, e non indicava mai il Gohonzon con le dita. Ogni volta che si sedeva per guidare qualche cerimonia, disponeva sempre la stampella, che utilizzava a causa della poliomielite, parallela al Gohonzon, con il manico sulla sinistra e la punta verso destra.

Ho già raccontato che Dadina era un medico, e i suoi consigli erano sempre pragmatici. Grazie al fatto che avesse dichiarato anni prima di sostenerci con il gruppo gay, aveva conquistato la mia fiducia e il mio cuore, facendomi sentire che per lei ero una persona importante.

Insisteva tanto sull'atteggiamento da tenere durante la preghiera: «Nichiren dice che se "Nam-Myoho-Renge-Kyo è come il ruggito del leone, quale malattia può essere d'ostacolo?". Se sei malato, in pericolo di vita, devi recitare tanto, devi ruggire come un leone. Se preghi belando come una pecora, non funziona».

Come potete immaginare, per ovvii motivi mi sono applicato lungamente allo studio del concetto di "ruggito", da ogni punto di vista possibile, cercando in questo un'indicazione "tecnica" efficace, ripetibile e tramandabile.

Dopo averle provate tutte, mi sono convinto che l'efficacia si manifesti con la costanza, la sincerità e la risolutezza di un'azione di fede senza dubbi.

«La malattia fa tanta paura perché è la morte a fare paura» disse un'altra volta Dadina. «Si dice che la malattia è un *hoben*, un espediente. Quando non hai più paura della morte guarisci, perché hai imparato la lezione.»

A ogni riunione, inoltre, consigliava di pregare con gratitudine per le cose che abbiamo, prima di tutto la vita e la salute, invece di tenere la mente inutilmente occupata dalla lamentela per quello che non va o per conflitti con gli altri.

«Nessuno ha piacere di stare vicino a una persona che si lamenta sempre» amava sintetizzare, «peggio ancora se parliamo male degli altri, o li disprezziamo. Molte volte sentite dire che non bisogna fare *on-shitsu*, che in giapponese significa parlare o pensare male dei compagni di fede. Facciamo *on-shitsu* ogni volta che non rispettiamo gli altri, buddisti o meno che siano. Facciamo *on-shitsu* anche lasciando la vasca da bagno sporca, pensando che qualcun altro se ne occupi.»

Bisogna stare attenti alle piccole cose, alle sfumature, come per esempio il tono della voce quando si parla.

O ancora: «Se state male dopo aver litigato con qualcuno, e praticando vi rendete conto che la colpa è anche un po' vostra, dopo aver chiesto scusa al Gohonzon e alla Legge, chiedete scusa anche alle persone».

I suoi consigli erano semplici e rendevano sempre l'idea di quale piccolo cambiamento interiore andasse affrontato per migliorare la vita di ogni giorno.

«Provate a pregare con gratitudine per le cose che avete. Già il fatto di essere nati in un Paese che non è in guerra è una grande fortuna. La gratitudine è la chiave per aprire lo scrigno dei benefici. Se pregate con avidità per delle cose che volete ottenere solo per voi, non succederà niente» ammoniva severa, diventando improvvisamente ombrosa.

«La mattina, quando pregate per proteggere voi stessi e le persone care da incidenti e per le vostre attività, pensate alla grande. Pensate alla vastità dell'universo, alla Luna, al Sole, i pianeti, le stelle.»

Praticamente un invito a nozze per uno, come me, appassionato fin da ragazzo di astronomia. In realtà stava suggerendo delle intenzioni per ispirare la preghiera e renderla, anche attraverso la poesia, più profonda.

«Nam-Myoho-Renge-Kyo è la Legge dell'Universo, *deve* rispondere.»

E proseguiva: «Nichiren era stato condannato a morte e il 12 settembre 1271 stava per essere decapitato sulla spiaggia di Tatsu-no-kuchi, la Bocca del drago. Proprio in quel momento un meteorite ha rischiarato la notte e nessuno dei soldati ha avuto il coraggio di tagliargli la testa. Questo rappresenta un punto di svolta nella vita di Nichiren, un passaggio chiamato *hosshaku kempon*, che in giapponese vuol dire "abbandonare il transitorio e rivelare l'originale"».

Proprio grazie all'esperienza di essere sopravvissuto alla propria condanna a morte, Nichiren comprende, e si convince, di non essere soltanto il monaco studioso Zeshō-bō Renchō, nato Zennichi-maro, ma il Budda Originale dell'Ultimo giorno della Legge. Da questo momento in poi, nonostante un esilio che poteva, anche quello, costargli la vita per via degli stenti, afferma di sentirsi "la persona più felice del Giappone", scrive i testi dottrinali più profondi e appassionati, costruisce le fondamenta della futura propagazione del suo insegnamento e realizza lo scopo ultimo della sua esistenza iscrivendo i primi Gohonzon, una rappresentazione grafica della sua illuminazione da lasciare ai discepoli del futuro per i prossimi diecimila anni.

Mi sono spesso chiesto, forse per via della mia formazione attoriale, quali fossero le cose più importanti, le informazioni fondamentali da assimilare e mettere in pratica per ottenere, il prima possibile, dei risultati soddisfacenti con la pratica buddista. Due sono le cose che Nichiren ripete quasi ossessivamente in ogni lettera ai discepoli: la prima è che non c'è alcuna differenza tra un comune mortale e un Budda. La seconda è che la vita è eterna.

Il comune mortale che comprende, profondamente, questo aspetto, pur restando tale, diventa un Budda.

Guardando alle mie spalle, verso il passato, mi chiedo perché non sono morto di Aids anni fa, come tanti miei amici o molte persone care più giovani di me. Adesso che comprendo di aver compiuto anche io il mio piccolo, personale *hosshaku kempon*, mi sono definitivamente convinto della mia intrinseca dignità di essere umano. Se la riconosco in me posso riconoscerla in ogni altro. Se la vita, pur avendone la possibilità, non mi ha mostrato un cartellino rosso è perché forse posso ancora fare qualcosa di utile. Chissà, magari la mia missione è proprio intraprendere questo percorso, ingaggiare questa battaglia e provare a vincerla.

Molte persone potranno ritenere inappropriato parlare in pubblico di cose tanto private. Ma è proprio perché sono convinto che la mia temporanea vittoria, cioè il condurre una vita normale nonostante il rischio di ammalarmi, sia dipesa da questo esercizio quotidiano di ottimismo e di speranza, che ho deciso di condividere questa esperienza.

All'epoca in cui sembrava non esserci più tempo a disposizione, e nemmeno c'erano le medicine per prolungarlo, l'esercizio giornaliero del corpo e della mente ha fatto, per me, la differenza. Sforzarmi di tenere alto ogni giorno lo stato vitale ha avuto un effetto determinante sulla tenuta del sistema immunitario, prolungandomi la vita fino all'arrivo in Italia dei farmaci antiretrovirali.

Le analisi che conservo in maniera quasi maniacale me lo confermano e – ed è quello che più conta – nel profondo sento che è proprio così: sforzarsi di dare gioia agli altri fa bene alla vita.

Quando ho avuto bisogno di assumere medicinali, c'era già abbastanza esperienza clinica per evitare i farmaci con gli effetti collaterali più pesanti. Certo, ognuno è un caso a sé, nel senso che ognuno ha un suo karma e una sua missione particolare. La mia forse è anche di condividere questo sforzo con gli altri, cosa che sto finalmente facendo con questo racconto. Magari qualcuno tra quelli che mi conoscono, in privato o in pubblico, sta attraversando un momento di difficoltà, per qualsivoglia motivo – quest'epoca non mi sembra affatto povera di imprevedibili preoccupazioni –, ed ecco che questo libro potrebbe essere l'occasione per incoraggiare una riscossa o almeno un piccolo miglioramento. Chi se ne frega se è scritto bene, se è scritto male, l'importante è che sia scritto con la vita.

Nel corso degli anni ho potuto sperimentare che i principi dichiarati da Nichiren Daishonin, poi attualizzati e propagati da Ikeda, hanno una coerenza sia sotto l'aspetto teorico che sotto quello pratico. Se pratichi seriamente avrai dei risultati misurabili, e comunque avrai dei risultati, anche se non identici a quelli che avevi pregustato. In genere sono migliori.

Ci sono giornate, specialmente in questo periodo, in cui nuvole minacciose di ogni genere si intravedono all'orizzonte, ma recitando e ascoltando le esperienze vittoriose di tanti amici, provo gioia solo per il fatto di avere vissuto e sperimentato tutto questo. È tutto vero. La mente e il corpo sono solo due aspetti dello stesso fenomeno. Il bene e il male sono entrambi nella nostra vita. Ogni fenomeno è interconnesso a tutti gli altri. È la decisione che prende il nostro cuore, insieme alla mente, il nostro *kokoro*, a fare la differenza per quello che dovremo affrontare in futuro. Se non c'è disparità tra un Budda e un comune mortale, ogni comune mortale può incarnare, magari momentaneamente, lo stesso stato vitale e la stessa comprensione e compassione di un Budda, quindi anche realizzare un suo personale *hosshaku kempon*.

Di ciò si racconta in questo libro, e a ciò allude la sua motivazione. Ognuno, se lavora su se stesso, se si mette in gioco, può scrivere delle pagine piene di valore e di significato. Fidatevi. Se ci sono riuscito io, ci può riuscire chiunque. Ognuno di noi è un Budda.

28

È impossibile descrivere in un solo libro tutti i fatti rilevanti, le circostanze, le coincidenze che si sono manifestate in questi anni di ricerca nella fede buddista. Ogni giorno, per quanto possa sembrare monotono e ripetitivo, può improvvisamente ornarsi di sublime.

Se il cuore è aperto, ogni attimo, ogni incontro, ogni sguardo, ci permette di percepire l'aspetto mistico della vita, di sentire le cose con lo stesso stupore di un bambino. Forse questo intendevano le scritture che sentivo da piccolo in chiesa: "Se non tornerete come bambini non entrerete mai nel Regno dei Cieli".

La compassione buddista, che non *compatisce*, ma toglie sofferenza e dona gioia, senza chiedere niente in cambio, neanche l'autocompiacimento, è uno stato dinamico che implica uno sforzo continuo e va incessantemente alimentata, o meglio allenata. Se ti affidi alla Legge e decidi di sostenere comunque le persone nel loro cammino, mettendoti in discussione, accettando di compiere la tua parte di rivoluzione umana, ogni momento, ogni decisione diventa grande e fondamentale, cioè pone altre fondamenta per future evoluzioni. Così le sorprese non finiscono mai e ogni risveglio contiene di per sé una sfida che può essere abbracciata. Di per sé è già così esaltante coglierla che diventa secondario che la si vinca o la si perda. Anzi, se la perdi, puoi sempre rideterminare il tuo futuro fino alla vittoria assoluta.

Ricordo uno degli ultimi discorsi di Dadina. Era malata e consapevole di esserlo: «In questi anni ho affrontato tante cose, ho assistito alla vita di tante persone, e mi rendo conto che il beneficio più grande che mi ritrovo, senza averlo cercato, è che non temo nulla, non ho più paura di nulla. Ho il Gohonzon, che problema c'è?».

Se ripercorro la mia vita fino adesso, ho la sensazione che tutte le cose che ho affrontato siano state un fortunato allenamento a quello che ci aspetta. Accadrà quello che ci meritiamo, e poterlo affrontare farà la differenza. Spesso mi sono chiesto: "Perché questa cosa succede a me? Qual è il senso di convivere con tutte queste problematiche?".

Con il tempo, osservando il funzionamento quasi meccanico che lega l'effetto alla causa, capisci che le cose ti riguardano. Inutile fingere indifferenza e cercare di scansarle. Sono in relazione con la tua vita profonda e se non vuoi ristagnare hai il dovere, anzi la responsabilità, di affrontarle. Non si tratta di fare chissà cosa, quanto più di osservare bene chi sei e cosa puoi fare. In genere, se desideri un cambiamento, si tratta semplicemente di prendere decisioni diverse da quelle che hai preso in passato. Se mi accorgo di avere cattive abitudini, quotidiane o caratteriali, cerco, per esempio, di mettere delle controtendenze, di provare a fare il contrario di quello che ho fatto fino adesso. Se mi accorgo di essere stato troppo brusco mi sforzo di essere più gentile. Le prime volte sembrerà come di recitare in una commedia, poi si creerà una tendenza, si formerà un nuovo sentiero, che col tempo sarà sempre più naturale da percorrere.

Certo, nella vita le sorprese non mancano mai, sia quelle piacevoli sia quelle no. Tra quelle piacevoli ricordo, per esempio, quando due anni fa andai a fare un mini-intervento buddista al vernissage della retrospettiva artistica della mia amica Cinzia Cotellessa, da poco nominata responsabile di un gruppo. «In una delle mie opere esprimo la Legge di Causa ed Effetto nell'arte, perché non mi vieni a fare un piccolo intervento, di qualche minuto?» mi chiese.

Accettai controvoglia perché mi sembrava che si confondessero i piani della mia sfera pubblica e di quella buddista, ma acconsentii per stabilire una relazione diretta con lei e per sostenere comunque un'artista.

Arrivai all'appuntamento trafelato, quel pomeriggio avevo cercato di incoraggiare appassionatamente un compagno di fede sieropositivo in fallimento terapeutico, e avevo perso la cognizione del tempo. Dovetti chiedere aiuto a Morgan affinché mi accompagnasse al volo, in motorino, alla galleria, presso il complesso monumentale dei Dioscuri, vicino al Quirinale.

Non sapevo più se stavo recitando Daimoku per arrivare in tempo o per proteggerci dalla guida spericolata di Morgan.

Mi posizionai tra i relatori, presi fiato, e provai meccanicamente il microfono, appena in tempo per notare un curioso trambusto nella platea.

Senza preannuncio, per motivi di sicurezza, entrò in sala il presidente della Repubblica Giorgio Napolitano, accompagnato dalla signora Clio. Si accomodarono in prima fila.

Ebbi così la fortuna di parlare brevemente di buddismo, rivoluzione umana e di presentare la figura del mio maestro Ikeda a ospiti così illustri.

Già, come ho detto, mi era capitato di essere in qualche modo coinvolto nella visita del presidente Ciampi all'inaugurazione della mostra sui diritti umani a Matera. Non ho ancora capito perché mi succedano queste cose, ma se è vero che non c'è due senza tre, se fossi il presidente Mattarella mi aspetterei un incontro con me, per parlare della Legge di Causa ed Effetto o forse, meglio ancora, della Proposta di Pace di Ikeda alle Nazioni Unite.

Un altro accadimento, questo meno piacevole ma comunque interessante, fu quando, un pomeriggio di qualche mese fa, durante una pennichella ristoratrice, mi risvegliai sentendo in gola come un po' di catarro.

Era sangue. La cosa si ripeté due, tre, quattro volte. Subito mi venne in mente la vicenda che mi era stata appena raccontata di un compagno di fede, neanche trentenne, che nel giro di una settimana se n'era andato per un cancro ai polmoni. Era iniziato tutto così, con del sangue trovato una mattina sul cuscino.

Poi pensai: "Accidenti, non riuscirò a finire questo libro che sto provando a scrivere da mesi e per cui ho sacrificato tutti gli ultimi weekend".

Il terzo pensiero, molto più concreto, fu: "Andiamo al pronto soccorso".

Appena io e Morgan arrivammo, mi identificarono, mi misurarono la pressione e mi domandarono:

«Avete partecipato a qualche evento del Giubileo?»

«No. Ma perché, gli fa questo effetto ai pellegrini?» replicai.

Nella sala d'attesa del pronto soccorso incontrai Silvia, che stava accompagnando sua mamma per un controllo. Silvia è la giovane donna che mi aveva accompagnato per la prima volta al Centro buddista proponendomi l'attività dei cartellini. Dopo qualche minuto arrivò anche suo fratello Stefano, che era stato mio corresponsabile dei giovani uomini una quindicina di anni prima.

Pensate quello che volete, ma la coincidenza mi incoraggiò ad affrontare quel momento di difficoltà, facendomi pensare che, comunque, ero guardato dalle divinità buddiste, le funzioni protettrici dell'ambiente che noi attiviamo con un comportamento virtuoso, che si manifestano misticamente quando ne hai bisogno. Ritengo che i cristiani si riferiscano a questo quando parlano di Provvidenza.

Passammo una notte lì, in una saletta senza finestre, prima che riuscissero a trovare un letto disponibile in reparto. E fummo fortunati, vista la pressione cui sono sottoposte tutte le nostre strutture ospedaliere.

Ci vollero dieci giorni per avere una diagnosi. I protocolli prevedono che si indaghi per esclusione partendo dalle ipotesi più probabili. La prima era che avessi una malattia infettiva polmonare e per questo fui messo in isolamento. Potevo essere visitato, negli orari consentiti, da una persona per volta munita di mascherina. Ogni giorno nuove analisi e nuove attese di risultati.

Misi fretta ai protocolli ospedalieri con cicliche emergenze *splatter* che imposero un ritmo serrato alla diagnostica. Come succede in ospedale, mi infilavano continuamente qualcosa da qualche parte: una sonda, una cannula, una siringa.

Escluse le infezioni più comuni, continuavo a non avere febbre, tosse, o altri sintomi che potessero aiutare a spiegare il fenomeno. Anche la TAC e la broncoscopia certificavano che sì, c'era qualcosa al polmone destro, ma non era chiaro cosa fosse.

In realtà non sono mai stato in pericolo di vita, ma in tre occasioni credetti seriamente di esserlo, con tutte le immaginabili implicazioni.

La prima volta, di notte, pensai: "In fondo ho fatto una bella vita, se proprio devo morire stanotte, posso cercare di andarmene dignitosamente". E poi: "Magari, se mi metto a praticare posso farlo coraggiosamente". E ancora: "No, non chiamo Morgan. Come faccio a dirgli: 'Ciao, è stato bello, arrivederci?'. Se succede qualcosa, qualcuno più preparato di me lo avviserà".

Iniziai a pregare con molta serietà, a oltranza, con il mio piccolo Omamori Gohonzon. Passai quella notte facendomi compagnia con il mio maestro, traducendo e mettendo in rete gli incoraggiamenti di Ikeda alla comunità LGBTQ buddista americana. Il giorno dopo, in ogni caso, avrei indicato ai miei amici di tante battaglie l'importanza di seguire il maestro.

Ero sconcertato da quanto la morte potesse essere banale nel prendermi alla sprovvista, in un momento qualsiasi, forse proprio in *quel* momento.

Quella notte in cui sentivo di avere in tasca un biglietto di sola andata, dopo aver recitato lungamente, mi venne in mente di affidare a Facebook questa sintesi estrema:

"Stanotte così: Percepire l'eternità della vita significa comprendere che lo stato vitale delle buddità è immanente, permea tutti i fenomeni e trascende passato, presente e futuro. Chi riesce a comprendere questo, chi lo sente con la vita, con la pancia, anche se resta un comune mortale diventa un Budda. Seguire la via del Bodhisattva porta alla buddità perché l'esercizio di *ji-hi*, la compassione buddista, l'allenamento a togliere sofferenza e dare gioia, alza lo stato vitale fino alla buddità. Non c'è bisogno di compiere azioni eroiche, basta fare del proprio meglio nella creazione di oggettivo valore per il bene altrui. Lo sforzo di creare valore, inevitabilmente, prevede un cambiamento interiore che Josei Toda e Daisaku Ikeda hanno chiamato "rivoluzione umana". I maestri nel buddismo sono diapason del cuore. Cercare di accordarsi col loro spirito, provare a imitare il loro atteggiamento verso gli altri, velocizza la strada verso la felicità assoluta, la saggezza e la vittoria. Lo scopo di Kosen Rufu, la pace mondiale, si realizzerà solo con una forte unità tra diversità. Prima iniziamo e meglio è. Questo è ciò che sto sperimentando."

Quella notte, però, non me ne andai. Quel biglietto, ancora, non avrei dovuto timbrarlo.

Arrivò dopo tre giorni una seconda crisi che mi fece conoscere le premure di un reparto di rianimazione. Era una misura preventiva. Ero probabilmente l'unico paziente in stato di coscienza, lì dentro, e pensai che l'azione più virtuosa che potessi compiere fosse pregare per i compagni di sventura che avevo intorno.

Attaccato alle macchine potevo osservare la profonda relazione tra i pensieri, le emozioni e le reazioni biologiche del corpo. Se ero preoccupato, mi si alzava la pressione, diminuiva la percentuale di ossigeno nel sangue e il mio monitor iniziava a suonare. Se invece, attraverso la preghiera, riuscivo a contenere la paura, la respirazione si faceva più calma e tutto tornava nella norma.

Ricordo ogni attimo di quelle ore. Avevo tenuto con me il cellulare che impazziva di incoraggiamenti di amici da ogni parte d'Italia. Si era sparsa la notizia che c'erano dei rischi seri. Più che lo smarrimento per la piega che stava prendendo la situazione, mi commuoveva l'ondata di affetto di tante persone e tanti compagni che mi stavano sostenendo pregando per me. È una sensazione difficile da spiegare, ma lo sentivo fisicamente, che c'erano tanti amici che stavano recitando Daimoku per me, sì, lo sentivo con il corpo, che nonostante tutto restava forte, resisteva, mantenendo alta l'emoglobina.

La mattina dopo si affacciò il professore prospettandomi la rimozione di un lobo del polmone e annunciando una seconda TAC e una seconda broncoscopia per verificare l'ipotesi, la più plausibile tra tutte, di un piccolo tumore benigno.

«Non si preoccupi» disse sorridente, «anche il papa si è tolto un lobo e vive benissimo lo stesso.»

«A questo punto, faccia quello che si deve, professore. Se serve si chiami pure un esorcista» risposi serio nonostante non avessi nessuna enciclica in programma.

Ormai, investito da una quantità spropositata di Daimoku, recitato da tanti compagni di fede, avevo uno stato vitale così alto da ritenere di poter affrontare qualsiasi cosa, anche se temevo un po' la riabilitazione polmonare. Il mio Morgan, l'amico Massimo e tanti altri del Gruppo Arcobalena giravano rassicuranti intorno al letto come dei folletti riuscendo a farmi ridere, e contagiando con la loro allegria anche il personale ospedaliero di turno.

In questo continuo migrare da un reparto all'altro, cosa non semplice per i protocolli medici, una volta ebbi pure l'impressione di essere stato dimenticato nell'anticamera della sala d'attesa per le PET-TC. Avevo lasciato il cellulare in camera, ero scalzo, attaccato a una flebo di fisiologica e dovevo andare urgentemente al bagno.

In piedi, reggendo la flebo con un braccio, chiesi a un infermiere di passaggio come potevo raggiungere da solo il mio reparto, ma lui mi sequestrò e mi sistemò in un'astanteria di pazienti trattati in attesa di un posto letto, dove, forse esaltato dai medicinali, mi misi a fare la crocerossina per un paio di politraumatizzati.

Ormai al terzo episodio di emottisi, avevo l'impressione di trovarmi su di una giostra, quasi divertito dalla situazione, sempre paradossale e in emergenza. Mi capitò anche di pensare che morire in simili condizioni in fondo non sarebbe stato così male.

Sentivo di non avere rimpianti.

Alla fine mi venne diagnosticato un problema congenito, del tutto indipendente dalla situazione generale dovuta all'HIV, anche se in realtà si sa ancora poco sugli effetti a lungo termine dei farmaci negli organi e nei tessuti. Era un problema idraulico, si può dire, un'arteria che perdeva. E così venne risolto in angio-TAC, con l'applicazione di una *tip-top*, come si fa con le camere d'aria delle biciclette. Tutto andò bene.

Da allora ho smesso di fumare, e ho preso quindici chili, ma sento che sono cambiati i punti di riferimento della realtà, sono cambiate le priorità. L'emozione è stata a tratti così intensa da insegnarmi a non farmi più travolgere dalle emozioni di altri, da questioni che non mi appartengono. La vita ora è più agita, più respirata.

Ora la vita è più vita.

Epilogo

Ho ricevuto dal mio maestro Ikeda diversi regali in questi anni.

Il primo è stato un *jutsu*, il rosario buddista, con i grani in legno di sandalo. Ha avuto per me il significato di ri-prendere la mia vita nelle mie mani. Perché si può ricominciare in qualsiasi momento.

Mi fu consegnato nel 1997, il giorno dell'ultima puntata di "Giochi senza Frontiere". Era il suo ringraziamento per avergli inviato una copia del libro *Il Ruggito del Coniglio*, scritto insieme a Marco, che conteneva anche una delle magliette cult del programma. Ero molto depresso e scioccato dalla prima esperienza televisiva, e quel dono mi arrivò come una bomba di incoraggiamento. Riceverlo mi cambiò stato vitale e mi permise, anche se era l'ultima puntata, di andare in onda gioioso e rilassato superando le mie naturali idiosincrasie. Chissà, sarà stato il profumo del legno di sandalo?

Il secondo regalo è stato una stampa firmata con gli ideogrammi "coraggio" e "forza", che mi fu consegnata personalmente dal signor Tamotsu Nakajima, attuale direttore generale dell'Istituto Buddista Italiano Soka Gakkai.

Negli anni, poi, ho ricevuto in dono tre libri da e di *sensei*: nel 1999, nel 2000 e nel 2007.

Nel primo c'è una raccolta di fotografie dei suoi incontri per la pace con eminenti personalità della cultura, della politica e dello spettacolo di tutto il mondo.

Nel secondo, la raccolta delle foto degli oltre duecento titoli accademici che gli sono stati attribuiti dalle più prestigiose università del pianeta durante la sua instancabile opera di propagazione dell'umanesimo di Nichiren Daishonin.

La cosa che più colpisce, sfogliando queste fotografie, è il clima di gioia e serenità che accompagna sempre Ikeda. A distanza di anni comprendo che questo è il risultato di una vita spesa per diffondere i valori umanistici. Si ha la netta impressione che, in ogni evento, faccia di tutto per mettere a proprio agio le persone che sono venute a salutarlo. Non c'è niente di formale in queste cerimonie, tutti sorridono sinceramente divertiti.

Il terzo libro è una raccolta dell'attività di fotografo di Ikeda stesso, una delle sue passioni insieme alla poesia. Si intitola *Incontri con la natura*. Si tratta per la maggior parte di soggetti banali, incontrati probabilmente per caso, durante i suoi viaggi in giro per i sette continenti, ma a rendere bello ogni scatto è lo sguardo dell'osservatore. Uno stato vitale alto, consapevole e illuminato può rendere sublime il più scialbo quotidiano. Tutto dipende dalla nostra mente e dal nostro cuore.

In fondo, cosa cerchiamo? Di stare bene con noi stessi e con gli altri, di mangiare, di lavorare, di dormire e di divertirci adeguatamente, di amare e sentirci amati. Certo, questi non sono tempi che invitano alla serenità e le prospettive non sono rassicuranti.

A livello economico, secondo l'ultimo rapporto del McKinsey Global Institute, l'indebitamento globale dei vari Stati ha superato i duecento trilioni di dollari, tenendo conto che un trilione equivale a mille miliardi. È il triplo della ricchezza prodotta dall'intera Umanità in un anno, il che significa evidentemente che abbiamo contratto questi debiti con altri pianeti, e a questo punto speriamo che gli alieni accettino cambiali a lungo termine.

Le migrazioni aumenteranno in maniera esponenziale. E questo a cause di guerre che adesso, oltre che per le fonti di energia, si combatteranno per l'acqua e per il cibo. E poi per i cambiamenti climatici: l'ambiente sempre più compromesso presenterà conti via via più salati dal punto di vista sanitario, epidemiologico e alimentare.

Queste sono solo le prime emergenze che mi vengono in mente. Riuscire a mantenere uno spirito alto, ottimista e costruttivo nonostante tutto sarà la vera sfida, da adesso in poi. Stare bene sotto tutti i punti di vista diventerà una merce senza prezzo. Come è sempre stato nella commedia umana, ogni generazione troverà le soluzioni adatte più facili da realizzare, ma è evidente che saranno i più deboli a pagare il conto di queste novità.

Sarebbe allora sensato che le religioni, invece di litigare, si sforzassero per trovare soluzioni. Basterebbe che ognuno dicesse ai suoi di fare del suo meglio non *contro* un altro, ma per il bene di *tutti*. Sono convinto che si troverebbero infiniti punti in comune. La vita è il diritto umano di tutti.

Spesso Nichiren Daishonin spiega gli eventi straordinari e le calamità naturali secondo le scritture dell'epoca.

Anche se potrà sembrare originale e stravagante, rispetto alla non ordinarietà degli eventi planetari che ci aspettano, mi permetto di citare Nichiren Daishonin quando scriveva nel Gosho *Sui presagi*:

Perciò quando i cinque organi di senso degli uomini si guastano, scuotono le quattro direzioni e il centro e, come sintomo della conseguente distruzione della terra, per prima cosa le montagne franano, l'erba e gli alberi appassiscono e i fiumi si prosciugano. Quando gli occhi, gli orecchi e gli altri organi di senso delle persone sono scossi e turbati, si verificano strani fenomeni nel cielo; quando la loro mente è turbata, la terra trema.

Questo dicono i testi. In effetti, se la mente degli uomini è confusa, non ci sarà spazio per pensieri di prevenzione e protezione dalle calamità naturali. Le fonti storiche confermerebbero in questo passo un'attitudine profetica, dovuta alla saggezza del buddismo, che ho riscontrato anche in

Ikeda nel libro *Campanello d'allarme per il XXI secolo*, scritto trent'anni fa con Aurelio Peccei, imprenditore ispirato dalla lungimiranza, in cui si invita a concentrarsi proprio sulle emergenze planetarie che ci troviamo ad affrontare con urgenza adesso. Secondo i due, le soluzioni tecnologiche, scientifiche ed economiche dovranno necessariamente partire da un ambito più radicale. Saranno efficaci solo se ispirate da motivazioni etico-spirituali, quella che Ikeda chiama "rivoluzione umana", da realizzare all'interno del singolo individuo. Si prospetta insomma un'evoluzione della spiritualità umana ancora tutta da esplorare.

Io non so cosa mi riserverà il futuro, ma posso decidere ora che tutto andrà bene. Affronterò una cosa per volta col desiderio di creare armonia. Spero che l'aver ricordato a me stesso, con questo libro, molte delle esperienze che ho vissuto mi aiuti a spostare sempre di più i miei pensieri verso gli altri. Questo, non so come, anche se ho cominciato a farmene un'idea, porta salute, buona fortuna e prosperità. Spero che molti scrivano pagine di vita vittoriosa e piena di gioia.

Sono convinto che presto la ricerca biomedica troverà una cura definitiva all'HIV. Sono già in corso esperimenti clinici che promettono risultati interessanti entro la fine dell'anno. Recenti studi hanno dimostrato, inoltre, che una persona sieropositiva non è più contagiosa se segue regolarmente una terapia antiretrovirale e ha la carica virale non più riscontrabile da almeno sei mesi. Dagli Usa è anche arrivata la PrEP, la profilassi preventiva per proteggersi da una possibile esposizione al contagio. Ci sarebbe ancora bisogno, a mio parere, di un po' più di attenzione agli effetti collaterali dei farmaci nei pazienti in terapia da decenni. Molti amici iniziano a mostrare segnali di stanchezza, e andrebbero aiutati. Personalmente ho riscontrato enormi benefici utilizzando medicinali omeopatici per ristabilire il funzionamento di reni, fegato e metabolismo messi a dura prova da anni di terapia.

Per quanto mi riguarda, continuo con il mio lavoro alla

radio, iniziato quasi per caso. Si dice che "la voce compie il lavoro del Budda", e per incoraggiare le persone Shakyamuni predicava parlando. Io non sono certo un predicatore, ma è innegabile come gli anni di training vocale col teatro sperimentale e l'esercizio quotidiano di preghiera buddista abbiano reso il mio strumento vocale particolarmente duttile. Continuerò a usarlo meglio che posso.

Adesso, quando mi guardo indietro, e vedo tutte le cose che sono andate bene, mi chiedo: "Io ho davvero fatto tutto questo?". Sono convinto che ognuno di noi, anche se non vive sotto i riflettori, e nonostante le difficoltà, possa scrivere un bellissimo libro della propria vita, che sarà letto dalle persone che ha intorno. Vivere in questo modo, nei decenni, cambierà il cuore di tanti individui e, a seguire, le strutture delle società.

Se penso a cosa mi resta di questi anni dedicati al buddismo, oltre il ricordo di tante battaglie, è il fatto di aver stabilito una serie infinita di meravigliose relazioni umane in tutto il mondo. Ma soprattutto con me stesso, dentro casa, con Morgan.

Stamattina, che è domenica, siamo andati a fare colazione a Ponte Milvio e abbiamo passeggiato curiosi per il mercatino lungo il Tevere. Abbiamo acquistato in un vivaio due bouganville che fioriranno arrampicandosi sul muro del terrazzo, sotto il sole, la prossima estate.

Sto bene con Morgan, mi piace svegliarmi e addormentarmi con lui, non potrei stare senza le sue tenerezze. Ha un potenziale ancora tutto da scoprire, e sono convinto che non finirà mai di stupirmi. Non ha smesso di lasciare il dentifricio stappato sul lavandino del bagno e non ricorda di comprare il latte, ma mi sono rassegnato alla cosa come fosse un nuovo divertimento. Mi sono rassegnato anche al numero spropositato dei suoi zainetti e ai soprammobili che acquista senza pensare a dove metterli. Anche lui, probabilmente, si sta abituando al mio continuo cambiare idea che, unito a una natura testarda, talvolta mi rende insopportabile. Morgan ha gusto, forza e passione da vendere. Con lui è divertente anche litigare, ed è sempre emozionante fare pace.

Sì, ho sempre da fare, sono sempre di corsa e distratto, ma ti va, Morgan, se invecchiamo insieme? Non so come dirtelo, questo può essere un modo, anche se non proprio semplice come piace a noi...

Momo, mi vuoi sposare?

Ringraziamenti

Ringrazio l'Istituto Buddista Italiano Soka Gakkai, di cui ho l'onore di fare parte, per i testi di Nichiren Daishonin citati. Sono tratti dalla *Raccolta degli scritti di Nichiren Daishonin*, voll. I e II.

Ringrazio Paolo Restuccia, "The Genius", regista del "Ruggito del Coniglio" e direttore della Scuola di scrittura creativa "Omero", la prima scuola di scrittura in Italia, che mi ha incoraggiato, seguito e consigliato durante il concepimento e la gestazione di questo libro.

Ringrazio Beppe Cottafavi, editor di Mondadori, che mi ha inseguito, ripetutamente, per mesi, e alla fine convinto, a scrivere questa storia. Se il libro non vi piace prendetevela con lui.

Ringrazio Roberto Minganti, dell'Istituto Buddista Italiano Soka Gakkai per la pazienza e i consigli preziosi.

Ringrazio Paolo Valentino. Sei un editor perfetto.

Ringrazio Massimo Bassoli e Giovanna Bandini per aver fatto il tifo per me.

Ringrazio mia sorella Maria Luisa e mio fratello Emanuele per avermi suggerito saggiamente.

Impossibile ringraziare personalmente tutti i compagni di fede conosciuti in questi anni. In particolare tutte le persone delle zone di attività buddista Delle Valli, Nuovo Salario, Borgata Fidene, Ponte Milvio, Vigna Clara e Cortina d'Ampezzo. Ma anche quelli di Tokyo, Santa Fe, San Francisco, Londra, Parigi, Haiti e Washington D.C. Grazie a tutti i compagni di fede del passato, del presente e del futuro.

Grazie a te.

Mondadori Libri S.p.A.

Questo volume è stato stampato
presso ELCOGRAF S.p.A.
Stabilimento - Cles (TN)

Stampato in Italia - Printed in Italy